Enrique Rojas

EL HOMBRE LIGHT

vivir
mejor

Enrique Rojas

EL HOMBRE LIGHT

Una vida sin valores

temas'de hoy.

Primera edición: octubre de 1992
Decimoséptima edición: noviembre de 2001

Colección: VIVIR MEJOR

Paseo de Recoletos, 4. 28001 Madrid
Diseño de cubierta: Pep Carrió y Sonia Sánchez
Ilustración de cubierta: Photonica
ISBN: 84-7880-925-2
Depósito legal: M. 44.583-2001
Compuesto en Fernández Ciudad, S. L.
Impreso en Lavel, S. A.
Printed in Spain-Impreso en España

ÍNDICE

Para Isabel, Marian, Cristina, Quique, Isabel y Almudena: mi ilusión con argumento.

PRÓLOGO

Este es un libro de denuncia. Desde hace ya unos años me preocupan los derroteros por los que se dirige la sociedad opulenta del bienestar en Occidente, y también porque su influencia en el resto de los continentes abre camino, crea opinión y propone argumentos. Es una sociedad, en cierta medida, que está enferma, de la cual emerge el *hombre light,* un sujeto que lleva por bandera una tetralogía nihilista: *hedonismo-consumismo-permisividad-relatividad.* Todos ellos enhebrados por el *materialismo.* Un individuo así se parece mucho a los denominados *productos light* de nuestros días: comidas sin calorías y sin grasas, cerveza sin alcohol, azúcar sin glucosa, tabaco sin nicotina, Coca-Cola sin cafeína y sin azúcar, mantequilla sin grasa... y un hombre sin sustancia, sin contenido, entregado al dinero, al poder, al éxito y al gozo ilimitado y sin restricciones.

El hombre light *carece de referentes, tiene un gran vacío moral y no es feliz, aun teniendo materialmente casi todo.* Esto es lo grave. Éste es mi diagnóstico, y a lo largo de estas páginas describo sus principales características, a la vez que hago sugerencias de cómo escapar y salirse de ese camino errado que tiene un final triste y pesimista.

Frente a la cultura del instante está la solidez de un pensamiento humanista; frente a la ausencia de vínculos, el compromiso con los ideales. Es necesario superar el pensamiento débil con argumentos e ilusiones lo suficientemente atractivos para el hombre como para que eleven su dignidad y sus pretensiones. Se atraviesa así el itinerario que va de la inutilidad de la existencia a la búsqueda de un sentido a través de la coherencia y del compromiso con los demás, escapando así de la grave sentencia de Thomas Hobbes: «El hombre es un lobo para el hombre.»

Hay que conseguir un ser humano que quiere saber lo que es bueno y lo que es malo; que se apoya en el progreso humano y científico, pero que no se entrega a la cultura de la vida fácil, en la que cualquier motivación tiene como fin el bienestar, un determinado nivel de vida o placer sin más. Sabiendo que *no hay verdadero progreso humano si éste no se desarrolla con un fondo moral.*

I. El hombre light

PERFIL PSICOLÓGICO

Estamos asistiendo al final de una civilización, y podemos decir que ésta se cierra con la caída en bloque de los sistemas totalitarios en los países del Este de Europa. Aún quedan reductos sin desmantelar, en esa misma línea política e ideológica, aunque por otra parte se anuncian nuevas prisiones para el hombre, con otro ropaje y semblantes bien diversos.

Así como en los últimos años se han puesto de moda ciertos productos *light* —el tabaco, algunas bebidas o ciertos alimentos—, también se ha ido gestando un tipo de hombre que podría ser calificado como el *hombre light*.

¿Cuál es su perfil psicológico? ¿Cómo podría quedar definido? Se trata de un hombre relativamente bien informado, pero con escasa educación humana, muy entregado al pragmatismo, por una parte, y a bastantes tópicos, por otra. Todo le interesa, pero a nivel superficial; no es capaz de hacer la síntesis de aquello que percibe, y, en consecuencia, se ha ido convirtiendo en un sujeto trivial, ligero, frívolo, que lo acepta todo, pero que carece de unos criterios sólidos en su conducta. Todo se torna en él etéreo, leve, volátil, banal, permisivo. Ha visto tantos cambios, tan rápidos y en un tiempo tan corto, que empieza a no saber a qué atenerse o, lo que es lo mismo, hace suyas las afirmaciones como «Todo vale», «Qué más da» o «Las cosas han cambiado». Y así, nos encontramos con un buen profesional en su tema, que conoce bien la tarea que tiene entre manos, pero que fuera de ese contexto va a la deriva, sin ideas claras, atrapado —como está— en un mundo lleno de información, que le distrae, pero que poco a poco le convierte en un hombre superficial, indiferente, permisivo, en el que anida un *gran vacío moral*.

Las conquistas técnicas y científicas —impensables hace tan sólo unos años— nos han traído unos logros evidentes: la *revolución informática*, los avances de la *ciencia* en sus diversos aspectos, un *orden social* más justo y perfecto, la preocupación operativa sobre los *derechos humanos*, la *democratización* de tantos países y, ahora, la *caída en bloque del comunismo*. Pero frente a todo ello hay que poner sobre el tapete aspectos de la realidad que funcionan mal y que muestran la otra cara de la moneda:

a) *materialismo*: hace que un individuo tenga cierto reconocimiento social por el único hecho de ganar mucho dinero.

b) *hedonismo*: pasarlo bien a costa de lo que sea es el nuevo código de comportamiento, lo que apunta hacia la muerte de los ideales, el vacío de sentido y la búsqueda de una serie de sensaciones cada vez más nuevas y excitantes.

c) *permisividad*: arrasa los mejores propósitos e ideales.

d) *revolución sin finalidad y sin programa*: la ética permisiva sustituye a la moral, lo cual engendra un desconcierto generalizado.

e) *relativismo*: todo es relativo, con lo que se cae en *la absolutización de lo relativo;* brotan así unas reglas presididas por la subjetividad.

f) *consumismo*: representa la fórmula posmoderna de la libertad.

Así, las grandes transformaciones sufridas por la sociedad en los últimos años son, al principio, contempladas con sorpresa, luego con una progresiva indiferencia o, en otros casos, como la necesidad de aceptar lo inevitable. La nueva epidemia de crisis y rupturas conyugales, el drama de las drogas, la marginación de tantos jóvenes, el paro laboral y otros hechos de la vida cotidiana se admiten sin más, como algo que está ahí y contra lo que no se puede hacer nada.

De los entresijos de esta realidad sociocultural va surgiendo el *nuevo hombre light,* producto de su tiempo. Si aplicamos la pupila observadora nos encontramos con que en él se dan los siguientes ingredientes: *pensamiento débil, convicciones sin firmeza, asepsia en sus compromisos, indiferencia* sui generis hecha de curiosidad y relativismo a la vez...; su *ideología* es el pragmatismo, su *norma de conducta,* la vigencia social, lo que se lleva, lo que está de moda; su ética se fundamenta en la estadística, sustituta de la conciencia; su *moral,* repleta de neutralidad, falta de compromiso y subjetividad, queda relegada a la intimidad, sin atreverse a salir en público.

EL IDEAL ASÉPTICO

No hay en el *hombre light* entusiasmos desmedidos ni heroísmos. *La cultura* light *es una síntesis insulsa que transita por la banda media de la sociedad*: comidas sin calorías, sin grasas, sin excitantes... todo suave, ligero, sin riesgos, con la seguridad por delante. Un hombre así no dejará huella. En su vida ya no hay rebeliones, puesto que su moral se ha convertido en una ética de reglas de urbanidad o en una mera actitud estética. *El ideal aséptico* es la nueva utopía, porque, como dice Lipovetski, estamos en la *era del vacío.* De esas rendijas surge el *nuevo hombre cool,* representado por el telespectador que con el mando a distancia pasa de un canal a otro buscando no se sabe bien qué o por el sujeto que dedica el fin de semana a la lectura de periódicos y revistas, sin tiempo casi —o sin capacidad— para otras ocupaciones más interesantes.

El *hombre light* es frío, no cree en casi nada, sus opiniones cambian rápidamente y ha desertado de los valores trascendentes. Por eso se ha ido volviendo cada vez más vulnerable; por eso ha ido cayendo en una cierta indefensión. De este modo, resulta más fácil manipularlo, llevarlo de acá para allá, pero todo sin demasiada pasión. Se han hecho muchas concesiones sobre cuestiones esenciales, y los retos y esfuerzos ya no apuntan hacia la formación de un individuo más humano, culto y espiritual, sino hacia la búsqueda del placer y el bienestar a toda costa, además del dinero.

Podemos decir que estamos en la *era del plástico,* el *nuevo signo de los tiempos.* De él se deriva un cierto pragmatismo de usar y tirar, lo que conduce a que cada día impere con más fuerza un *nuevo modelo de héroe*: el del triunfador, que aspira —como muchos *hombres lights* de este tramo final del siglo XX— al poder, la fama, un buen nivel de vida..., por encima de todo, caiga quien caiga. Es el héroe de las series de televisión americanas, y sus motivaciones primordiales son el éxito, el triunfo, la relevancia social y, especialmente, ese poderoso caballero que es el dinero.

Es un hombre que antes o después se irá quedando huérfano de humanidad. Del Mayo del 68 francés no queda ni rastro, las protestas se han extinguido; no prosperan fácilmente ni la solidaridad ni la colaboración, sino más bien la rivalidad teñida de hostilidad. Se trata de un hombre sin vínculos, descomprometido, en el que la indiferencia estética se alía con la desvinculación de casi todo lo que le rodea. Un ser humano rebajado a la categoría de objeto, repleto de consumo y bienestar, cuyo fin es despertar admiración o envidia.

El *hombre light* no tiene referente, ha perdido su punto de mira y está cada vez más desorientado ante los grandes interrogantes de la existencia. Esto se traduce en cosas concretas, que van desde no poder llevar una vida conyugal estable a asumir con dignidad cualquier tipo de compromiso serio. *Cuando se ha perdido la brújula, lo inmediato es navegar a la deriva, no saber a qué atenerse en temas clave de la vida, lo que le conduce a la aceptación y canonización de todo*. Es una nueva inmadurez, que ha ido creciendo lentamente, pero que hoy tiene una nítida fisonomía.

Algunos intelectuales europeos han enunciado este tema. Alain Finkielkraut lo expone en su libro *La derrota del pen-*

samiento. Por otra parte, Jean-François Revel, en *El conocimiento inútil,* resalta que nunca ha sido tan abundante y prolija la información y nunca, sin embargo, ha habido tanta ignorancia. El hombre es cada vez menos sabio, en el sentido clásico del término.

En la *cultura nihilista,* el hombre no tiene vínculos, hace lo que quiere en todos los ámbitos de la existencia y únicamente vive para sí mismo y para el placer, sin restricciones. ¿Qué hacer ante este espectáculo? No es fácil dar una respuesta concreta cuando tantos aspectos importantes se han convertido en un juego trivial y divertido, en una apoteósica y entusiasta superficialidad. Por desgracia, muchos de estos hombres necesitarán un sufrimiento de cierta trascendencia para iniciar el cambio, pero no olvidemos que *el sufrimiento es la forma suprema de aprendizaje*; otros, que no estén en tan malas condiciones, necesitarán hacer *balance personal* e iniciar una andadura más digna, de más categoría humana.

Finalmente, es preciso resumir esa ingente información, la náusea ante un exceso de datos y la perplejidad consiguiente, y para ello lo mejor es extraer conclusiones que pueden ser de dos tipos:

1. *Generales:* ayudan a interpretar mejor la realidad actual, en su rica complejidad.
2. *Personales:* conseguirán que surja un ser humano más consistente, vuelto hacia los valores y comprometido con ellos.

II. Hedonismo y permisividad

EL FINAL DE UNA CIVILIZACIÓN

Estamos ante el final de una civilización. Releyendo el libro de Indro Montanelli, *Historia de Roma,* pienso que nos encontramos en una situación parecida: *posmodernismo* para unos, *era psicológica* o *posindustrial* para otros. La década de los sesenta nos deparó la polémica del *positivismo* con la confrontación entre Karl Popper y Theodor Adorno. La de los setenta, el debate sobre la *hermenéutica de la historia* entre Jürgen Habermas y Hans Gadamer. Los ochenta, el significado del posmodernismo, y los noventa están presididos por la caída de los regímenes totalitarios. Se ha demostrado que una de las grandes promesas de libertad no era sino una tupida red en la cual el ser humano quedaba atrapado sin posible salida.

El panorama hoy es muy interesante: en la *política* hay una vuelta a posiciones moderadas y a una economía conservadora; en la *ciencia* ha tenido lugar un despliegue monumental, ya que los avances en tantos campos han dado un giro copernicano brillante y con resultados muy prácticos; el *arte* se ha desarrollado también de forma exponencial, pero ya es imposible establecer unas normas estéticas: hemos llegado a un eclecticismo evidente en el que cualquier dirección es válida, todos los caminos contienen una cierta dosis artística; igualmente, en el mundo de las *ideas y su reflejo en el comportamiento* se ha producido un cambio sensible, que es lo que pretendo analizar a continuación.

Las dos notas más peculiares son desde mi punto de vista el *hedonismo* y la *permisividad,* ambas enhebradas por el *materialismo.* Esto hace que las aspiraciones más profundas del hombre vayan siendo gradualmente materiales y se deslicen hacia una decadencia moral con precedentes muy remotos: el Imperio Romano o el período comprendido entre los siglos XVII-XVIII.

Como ya hemos avanzado, *hedonismo* significa que la ley máxima de comportamiento es el placer por encima de todo, cueste lo que cueste, así como el ir alcanzando progresivamente cotas más altas de bienestar. Además, su código es la permisividad, la búsqueda ávida del placer y el refinamiento, sin ningún otro planteamiento. Así pues, hedonismo y permisividad son los dos nuevos pilares sobre los que se apoyan las vidas de aquellos hombres que quieren evadirse de sí mismos y sumergirse en un caleidoscopio de sensaciones cada vez más sofisticadas y narcisistas, es decir, contemplar la vida como un goce ilimitado.

Porque una cosa es disfrutar de la vida y saborearla, en tantas vertientes como ésta tiene, y otra muy distinta ese maximalismo cuyo objetivo es el afán y el frenesí de diversión sin restricciones. Lo primero es psicológicamente sano y sacia una de las dimensiones de nuestra naturaleza; lo segundo, por el contrario, apunta a la muerte de los ideales.

Del hedonismo surge un vector que pide paso con fuerza: el consumismo. Todo puede escogerse a placer; comprar, gastar y poseer se vive como una nueva experiencia de libertad. *El ideal de consumo de la sociedad capitalista no tiene otro horizonte que la multiplicación o la continua sustitución de objetos por otros cada vez mejores*. Un ejemplo que me parece revelador es el de la persona que recorre el supermercado, llenando su carrito hasta arriba, tentada por todos los estímulos y sugerencias comerciales, incapaz de decir que no.

REVOLUCIÓN SIN FINALIDAD Y SIN PROYECTO

El consumismo tiene una fuerte raíz en la publicidad masiva y en la oferta bombardeante que nos crea falsas necesidades. Objetos cada vez más refinados que invitan a la pendiente del deseo impulsivo de comprar. El hombre que ha entrado por esa vía se va volviendo cada vez más débil.

La otra nota central de esta pseudoideología actual es, como se ha dicho, la *permisividad,* que propugna la llegada a una etapa clave de la historia, sin prohibiciones ni territorios vedados, sin limitaciones. Hay que atreverse a todo, llegar cada día más lejos. Se impone así una *revolución sin finalidad y sin programa,* sin vencedores ni vencidos.

Si todo se va envolviendo en un paulatino escepticismo y, a la vez, en un individualismo a ultranza, ¿qué es lo que todavía puede sorprender o escandalizar? Este derrumbamiento axiológico produce vidas vacías, pero sin grandes dramas, ni vértigos angustiosos ni tragedias... «Aquí no pasa nada», parecen decirnos los que navegan por estas aguas. Es la *metafísica de la nada,* por muerte de los ideales y superabundancia de lo demás. Estas existencias sin aspiraciones ni denuncias conducen a la idea de que todo es relativo.

El relativismo es hijo natural de la permisividad, un mecanismo de defensa de los que Freud estudió y diseñó de forma casi geométrica. Así, los juicios quedan suspendidos y flotan sin consistencia: *el relativismo es otro nuevo código ético.* Todo depende, cualquier análisis puede ser positivo y negativo; no hay nada absoluto, nada totalmente bueno ni malo. De esta *tolerancia interminable* nace la *indiferencia pura.*

Estamos ante la ética de los fines o de la situación, pero también del consenso: si hay consenso, la cuestión es válida. El mundo y sus realidades más profundas se someten a plebiscito, para decidir si constituye algo positivo o negativo para la sociedad, porque lo importante es lo que opine la mayoría.

Hablamos de libertad, de derechos humanos, de conseguir poco a poco una sociedad más justa, abierta y ordenada. Por una parte, defendemos esto, y, por otra, nos situamos en posiciones ambiguas que no hacen más humano al hombre ni lo conducen a grandes metas. *Es la apoteosis de la incoherencia.* Entonces, ¿dónde puede el hombre hacer pie?, ¿dónde irá a buscar puntos de apoyo firmes y sólidos?

Un ser humano hedonista, permisivo, consumista y centrado en el relativismo tiene mal pronóstico. Padece una especie de «melancolía» *new look*: acordeón de experiencias apáticas. Vive rebajado a nivel de objeto, manipulado, dirigido y tiranizado por estímulos deslumbrantes, pero que no acaban de llenarlo, de hacerlo más feliz. Su paisaje interior está transitado por una mezcla de frialdad impasible, de neutralidad sin compromiso y, a la vez, de curiosidad y tolerancia ilimitada. Éste es el denominado *hombre cool,* a quien no le preocupa la justicia, ni los viejos temas de los existencialistas (Soren Kierkegaard, Martin Heidegger, Jean-Paul Sartre, Albert Camus...), ni los problemas sociales ni los grandes temas del pensamiento (la libertad, la verdad, el sufrimiento...). Ya no lee el *Ulises* de James Joyce, ni *En busca del tiempo perdido* de Marcel Proust, ni las novelas de Hermann Hesse.

Un hombre así es cada vez más vulnerable, no hace pie y se hunde; por eso, es necesario rectificar el rumbo, saber que el progreso material por sí mismo no colma las aspiraciones más profundas de aquel que se encuentra hoy hambriento de verdad y de amor auténtico. Este *vacío moral* puede ser superado con humanismo y trascendencia (de *tras-*, atravesar, y *scando,* subir); es decir, «atravesar subiendo», cruzar la vida elevando la dignidad del hombre y sin perder de vista que *no hay auténtico progreso si no se desarrolla en clave moral.*

III. ¿Qué es el hombre?

EL HOMBRE BUSCADOR DE LA LIBERTAD

Cuando intentamos profundizar sobre un modelo humano reciente, muy habitual a final del siglo XX, la imagen que ilustra refleja una sociedad desorientada, perpleja, desengañada, escéptica, que va a la deriva pero orgullosamente, radiante de caminar hacia atrás, a un cierto galope deshumanizado. Siempre se ha dicho que al final de una civilización se pueden observar hechos de esta naturaleza, como por ejemplo, un ser humano venido a menos, degradado, sin lealtades fijas, que ha idolatrado lo menos humano que hay en su interior, que es capaz de pensar que todo es negociable; incluso lo inalcanzable. Animalizar al hombre en aras de no sé qué libertad es uno de los mayores engaños que éste puede sufrir, porque así se favorece un tipo de conducta que escandaliza y funciona como botón de muestra de la evolución de la sociedad. Precisamente, *el hombre es libre porque no es un animal,* porque puede tomar distancia de sus instintos más primarios y elevarse de nivel, aspirando a no quedar determinado por su naturaleza. En

Antígona, de Sófocles, uno de los personajes principales dice: «Muchas cosas grandiosas viven, pero nada aventaja al hombre en majestad.» La pieza clave para entender al ser humano es la libertad. La célebre frase de Lenin, «¿Libertad para qué?», tiene para mí una clara y contundente respuesta: libertad para aspirar a lo mejor, para apuntar hacia el bien, para buscar todo lo grande, noble y hermoso que hay en la vida humana. Dicho en otros términos: *ser hombre es amar la verdad y la libertad.* Hoy a muchos no les interesa para nada la verdad, ya que cada uno se fabrica la suya propia, subjetiva, particular, sesgada según sus preferencias, escogiendo lo que le gusta y rechazando lo que no le apetece. Una *verdad a la carta,* sin que implique compromiso existencial, como una pieza más o menos estética, pero sin implicaciones personales.

Si no existe interés por la verdad, la libertad perderá peso y, como máximo, servirá para moverse con soltura, pero sin importar demasiado su contenido. Sin embargo, el contenido de la libertad justifica una vida, retrata una trayectoria, deja al descubierto lo que uno lleva dentro, las pretensiones fundamentales y los argumentos [1]. De este modo, vamos del hombre grande, egregio, ejemplar, que sirve como modelo a aquel otro entregado a la satisfac-

[1] La vida humana tiene que ser *abierta* y *argumental.* Lo primero significa que es incompleta, provisional, siempre sujeta a imprevistos, por eso tiene un fondo dramático; lo segundo quiere decir que necesita tener un tejido sustantivo, un porqué, una razón de ser. Así descubrimos la grandeza o pobreza de cada persona.

Los psiquiatras, al bucear en la vida ajena con un afán constructivo, somos testigos de excepción de vidas grandes y de otras vacías, huecas.

ción de lo inmediato, que tergiversa los nombres y a la prisión la llama libertad, al sexo practicado sin compromiso le pone la palabra amor, y al bienestar y al nivel de vida los equipara con la felicidad.

Casi todos los finales de siglo suelen ser confusos: hay desconcierto, desorden, grandes errores sobre temas primordiales, inversión de los valores, equívocos que traerán graves consecuencias. No se trata de erratas a pie de página ni de gazapos de escasa entidad; los malos entendidos afectan a lo que es esencial [2], básico, fundamental, propio y peculiar de la condición humana, y ahí radica su gravedad.

Como dice Julián Marías, el ser humano necesita una «jerarquía de verdades» que cree el subsuelo en el que se asientan las ideas, creencias y opiniones fundadas en la autoridad, las «opiniones contrastadas» que vamos recibiendo y esa sabiduría especial y honda que constituye la *experiencia de la vida.* Sobre esta variada gama de verdades se sustenta nuestra existencia, y entre todas ellas se establecen unas relaciones recíprocas, complejas y reticulares, muchas veces difíciles de investigar, y entre las que *se articulan co-*

[2] En el pensamiento, la *esencia* de algo se define como «aquello por lo que una cosa es lo que es y no es otra cosa». La fenomenología de Edmund Husserl era un método de aproximación a la realidad que buscaba esencias y conexiones esenciales, dejando «entre paréntesis» lo accesorio, secundario, marginal. El trabajo descriptivo de Husserl se centra en la conciencia. La fenomenología de Max Scheler, por su parte, se ocupa de la afectividad: captar las relaciones existentes entre sentimientos, emociones, pasiones y motivaciones. Para distinguir más claramente estos cuatro aspectos, véase mi libro *El laberinto de la afectividad,* Espasa-Calpe, Madrid, 1987, págs. 17 y ss.; 21 y ss.; 57 y ss.

nexiones presididas por lo que ha sido y es nuestra vida en concreto.

Es inexcusable que el hombre desempeñe un papel importante en la vida propia. Dice un refrán castellano: «Cada uno habla de la feria según le ha ido en ella.» En Psiquiatría sabemos la importancia que tienen los traumas afectivos en la formación de la personalidad; pues todo ello, sumado y sintetizado, forma un magma especial que Julián Marías denomina «nuestro sistema de convicciones»: un conjunto de certidumbres que forman una totalidad coherente. Ello remite a una «certidumbre radical», de la que emergen y sobre la que se asientan todas las demás, y allí se ordenan y conectan unas con otras.

En un gran número, *el hombre de hoy no sabe a dónde va,* y esto quiere decir que *está perdido,* sin rumbo, desorientado. Tenemos dos exponentes claros al respecto: en los jóvenes, la *droga,* y en los adultos, las *rupturas conyugales.* Ambos aspectos nos ponen sobre el tapete la fragilidad existente en nuestros días. ¿Qué está pasando?, ¿cómo hemos llegado hasta aquí? Del hombre más egregio al más degradado hay una enorme distancia, pero los dos pertenecen a la especie humana. Sólo uno de ellos ha sabido llevar su vida sacando el máximo partido a lo positivo; ahí tenemos algunos ejemplos de la historia de la humanidad: desde Sócrates, Platón, Aristóteles, Plotino, San Agustín, San Anselmo, Santo Tomás de Aquino o el maestro Eckhart, pasando por Kepler, Galileo, Newton, Descartes, Pascal, Kant o Hegel a los existencialistas como Sartre, Camus, Kierkegaard, Nietzsche, nuestro Unamuno, o los grandes pensadores de nuestro tiempo, como

Brentano, Husserl, Heidegger, Max Scheler y Ortega y Gasset.

Frente a ellos se levantan igualmente personas cuya existencia ha sido un fracaso total, algo que también constituye una parte fundamental de la existencia humana y que de algún modo ayuda a troquelarla.

¿PARA QUÉ SIRVE LA VERDAD?

La vida humana se desliza por los hilos que teje la trama de las circunstancias, envueltas siempre en un halo de incertidumbre. Cada uno de nosotros es capaz de lo mejor y de lo peor, pero entre estos puntos extremos cabe un espectro intermedio de posibilidades. La incertidumbre nos hace dudar respecto a qué atenernos y nos impide alcanzar la firmeza definitiva. No obstante, a pesar de esos avatares, en la vida hay que buscar unos criterios sólidos, y uno de ellos es saber en qué consiste la verdad. Su posesión se traduce en una peculiar sensación luminosa tanto personal como de la realidad, además de en una impresión de seguridad.

Pero, ¿qué es la verdad?, ¿en qué consiste?, ¿cuántos tipos de verdad existen? Esto constituye uno de los temas prioritarios de la filosofía [3], pero aquí sólo daré unas referencias muy generales, que nos pongan sobre la pista de esta cuestión, y así distinguiremos dos maneras posibles de acercar-

[3] Para el que desee conocer mejor el tema sobre la verdad puede beber de dos diccionarios filosóficos: Ferrater Mora (Alianza Editorial, Madrid, 1980) y Nicola Abagnano (Fondo de Cultura Económica, México, 1966), donde se aclaran, de forma sencilla, los pormenores del mismo.

se a su estudio: por un lado, el *aspecto conceptual* y, por otro, sus *distintas versiones.*

La idea de *libertad* se relaciona con tres conceptos: el griego *aletheia,* el latino *veritas* y el hebreo *emunah. Aletheia* significa lo que está desvelado o descubierto y que se manifiesta con claridad; se refiere especialmente al presente. *Veritas* quiere decir lo que es exacto y riguroso; de hecho, procede de *verum,* lo que es fiel y sin omisiones; habla más del *pasado,* de lo que ya sucedió. Y, finalmente, *emunah* deriva de la raíz *amen*: asentir con confianza; por eso se suele decir al final de cada oración, ya que Dios es por esencia el que cumple lo que promete; expresa sobre todo el *futuro,* lo venidero.

La verdad nos conduce al mejor conocimiento de la realidad personal y periférica. Una y otra, entrelazadas por verdades personales, nos facilitan saber qué hacer y, en consecuencia, actuar. Lo opuesto a saber es ignorar, y por eso resulta necesario «averiguar», lo que en latín se llama *verum facere,* es decir, «verificar»: hacer verdadero, hallar la verdad que uno necesita para sí mismo.

Verdad y realidad son dos términos estrechamente unidos. Existe una *realidad patente,* en menor proporción, y una *realidad latente* —con la que no se suele contar— escondida, camuflada, y de la cual emergen islotes, segmentos, trozos que nos la muestran.

Por otra parte, las distintas versiones de la verdad pueden esquematizarse de este modo tan sucinto:

1. La *verdad de uno mismo,* en la que se articulan el pasado y el presente y, de alguna manera, puede ha-

cerse un estudio prospectivo: qué será del futuro, según los datos que tenemos.

2. La *verdad de las cosas* con las que nos encontramos, que expresa lo externo.
3. La *verdad de las circunstancias*, que nos lleva al conocimiento de la complejidad de la situación y al perímetro en que ese individuo o esa realidad se encuentran inmersos.
4. La *verdad como coherencia*, que brota del idealismo del siglo XIX y nos muestra una existencia con el menor número posible de contradicciones; es la vida como armonía, como equilibrio entre la teoría y la práctica.

Hay que señalar que mientras la filosofía se ocupa de la verdad, la ciencia busca la certeza del conocimiento; la primera se expresa en silogismos y premisas; la segunda, en lenguaje matemático.

La búsqueda de la verdad es una pasión por la libertad y sus consecuencias. Aspirar a ella es ir hacia lo mejor de nosotros mismos y de lo que nos rodea. Muchos hombres de nuestros días siguen las huellas de Nietzsche y se ven abocados al *nihilismo*, como consecuencia de la *entronización de la subjetividad*. Esto se manifiesta por un especial estado de ánimo que consiste en la pérdida de sentido del mundo y de la vida: nada merece la pena. Por otro lado, para muchos existencialistas el hombre es el más inhóspito de los huéspedes de la tierra. Este *sentimiento nihilista* planea sobre el hombre contemporáneo y hace que los valores se diluyan, pierdan su consistencia. Valores como la verdad, la libertad, la razón, la humanidad o Dios desaparecen sin ser sustituidos por otros de similar significación.

El ocaso de los valores supremos es uno de los dramas del hombre actual, pero como éste necesita del misterio y de la trascendencia, crea otros que, de alguna manera, *llenen ese vacío en que se encuentra.* Aparecen así los ya mencionados en el curso de estas páginas: *hedonismo* y su brazo más directo: *consumismo*; *permisividad* y su prolongación: *subjetivismo*; y todos ellos unidos por el *materialismo.*

Vivir en la verdad y de la verdad conduce a lo que podríamos denominar una *vida lograda,* plena, profunda, repleta de esfuerzos, natural y sobrenatural a la vez, que mira al otro y cuyo objetivo lo constituyen unos valores para sacar lo mejor que hay dentro del ser humano... En definitiva, una *vida verdadera.*

Aquellos que ni buscan ni aman la verdad denominan como tal a eso que tienen o el lugar donde se encuentran. Van brujuleando y jugando con las palabras, arrimándolas a lo que más les conviene. Y ello por haber perdido el espíritu de lucha consigo mismo [4], con lo cual todo vale y es adecuado si a uno le gusta.

VERDAD Y LIBERTAD

El hombre vive prisionero del lenguaje. Con las palabras juega, se apoya en ellas, las acomoda a sus intereses y lleva

[4] Le decía Don Quijote a su sobrina que en la vida existen dos caminos: las armas y las letras... y que él había escogido el primero. Esta fi-

su significado como mejor le parece. De este modo, denominando una cosa por otra, podemos alcanzar el fenómeno de *la confusión*. Un ejemplo muy claro y evidente es la moda actual de llamar «amor» a las relaciones sexuales sin más. *La esencia de la verdad no reside en su utilidad*. De lo contrario, podemos caer en algo que es hoy frecuente: aceptar la verdad, pero a condición de hacerla hija de nuestros deseos.

Para muchas personas resulta más interesante estar bien informado que buscar y conocer la verdad. Y esto es así por el subjetivismo reinante [5]. Teóricamente, la información que recibimos a diario debería ir notándose en la sociedad occidental: la condición humana mejora, el hombre actual es más sabio y más dueño de sí... Sin embargo, no parece que los resultados vayan en esa dirección. Si bien la caída de los regímenes comunistas es ya un hecho (excepto China, ese gigante con los pies de barro; Cuba y otros países de menor envergadura), durante mucho tiempo esas tiranías estuvieron «relativamente aceptadas» por muchos intelectuales. La célebre frase de Raymond Aron se cumple en casi su totalidad: «El opio de los intelectuales ha sido el comunismo durante todos estos últimos años.»

gura cervantina encarna al hombre idealista, aquel cuya conducta se forma sobre los grandes ideales, entre los que destaca la búsqueda de la verdad y el amor por la libertad.

[5] Jean-François Revel habla de esto en su libro *El conocimiento inútil*. Los medios de comunicación de masas nos cubren de mensajes e informaciones minuciosas que no son formativas, que no ayudan a construir un ser humano mejor, con más criterio y mejor dispuesto para acercarse a la verdad.

Karl Popper y Henri Bergson hablaron de *sociedades abiertas* para referirse a aquéllas en las que se puede contar lo que se ve, lo que se observa. Pero si valoramos cómo funcionan en la actualidad esos medios de comunicación social, hay que decir que manipulan, falsifican y deforman sus contenidos con demasiada frecuencia. Se puede hablar así de *la farsa de la información*. El periodista se juega la vida por servirnos la última noticia; el reportero gráfico hace lo imposible por traernos una imagen sintética de un acontecimiento de cierta relevancia; y el audaz corresponsal se mueve con soltura para conseguirnos una primicia informativa de primera mano. Pues bien, todo eso no suele apuntar, a la larga, ni a la búsqueda de la verdad ni al amor por la libertad. Aun reconociendo que en este último período del siglo XX se ha producido una apertura sin precedentes, sigue existiendo un fondo mezquino, pobre y falso a la hora de ofrecernos esa acumulación de datos procedentes de cualquier rincón del mundo.

Hoy en día el único valor teórico que se ha impuesto, la única verdad referencial, es la democracia. Pero el obstáculo para la verdad, desde esa cima política y social, no es ya la censura, sino los prejuicios, la parcialidad en la forma de dar una noticia, los sesgos, los odios entre las personas que integran los distintos partidos políticos o las familias intelectuales, los grupos de poder que desprecian e ignoran a quienes no piensan como ellos. Así, se adulteran los juicios de valor y los análisis de los hechos, la información que se recibe *no es formativa, ni constructiva, ni busca el bien del hombre ni lo conduce a comprenderse mejor a sí mismo y estar más cerca de los demás*. Ésa es la gran paradoja.

La información se ha convertido en un río de datos y noticias, pero lo importante es saber captar qué fluye bajo él. Cuando uno se olvida de ir a lo sustancial, se pierde en lo anecdótico. Ante tantas noticias negativas, desgracias colectivas o personales, el ser humano se vuelve insensible y cauteriza su piel como mecanismo de defensa ante el aluvión que le arrolla.

Los medios de comunicación hacen de problemas locales asuntos universales, pero, al mismo tiempo, esa universalidad no les aproxima a buscar unas claves más generales para entender mejor la existencia. Otra paradoja. Existe una *bulimia de consumo de sucesos y acontecimientos* que apunta hacia el sensacionalismo, que paraliza la capacidad de reacción del informador para hacer una síntesis de lo que recibe. En general, todo eso no educa, sino que forma una especie de globo hinchado que asciende y después se rompe, dejando un mínimo rastro que se apaga, hasta que asciende otro suceso, incidente o circunstancia que lo desbanca.

El *hombre light* se alimenta de noticias, mientras que el *hombre sólido* procura hacer una síntesis de ellas, buscando su sentido. Hay en el último un ejercicio de la inteligencia [6] que sortea y evita la *victoria del se dice, se piensa,* esto es, la

[6] A partir de Duns Escoto, la libertad se considera más una tarea de la voluntad que de la inteligencia. También lo recoge así Santo Tomás. Porque la inteligencia nos lleva a distinguir lo accesorio de lo fundamental, mientras que la voluntad nos conduce a elegir una forma de vida en la que se da una adecuación entre los medios y los fines. Pero para ello es decisivo saber a dónde vamos.

Vuelve así el tema de eso que en el pensamiento clásico se llamaba «los universales»: conceptos objetivos que representan a la naturaleza. Ahí enlazaríamos con el sentido de la existencia.

victoria del consenso, que tantas consecuencias negativas está trayendo. En conclusión, es Arlequín que se confunde por Antígona.

La misión del intelectual es guiar a una gran mayoría por el camino de la verdad, pero si ésta deja de interesar porque compromete a la vida y puede que obligue a rectificar la dirección emprendida, lo que se hace entonces es vivir de espaldas a ella o dar el nombre de «mi verdad» a la andadura personal. Así, ante la ausencia de un cuerpo de ideas referenciales, retorna el subjetivismo.

El *hombre light,* como vamos viendo, muestra una curiosidad incesante, pero sin brújula, mal dirigida; quiere saberlo todo y estar bien informado, pero nada más: éste es el salto hacia ninguna parte. En cambio, el *hombre sólido* busca la verdad, para que ésta le haga avanzar hacia un mejor desarrollo personal. ¿Hacia dónde? Para mí, la respuesta está clara: *hacia el bien, que está repleto de amor;* es decir, *hacia aquello que sacia la profunda sed de infinito que todos llevamos dentro.* Las ansias de absoluto se alzan ante nosotros como un punto de mira, como una aspiración que colma la hondura del hombre.

EL HOMBRE: ANIMAL DESCONTENTO

El *hombre light* no tiene cerca nunca ni felicidad ni alegría; sí, por el contrario, bienestar[7] y placer. La distinción me parece importante. *La felicidad consiste en tener un proyecto,*

[7] La idea de bienestar, aunque reciente, tiene unas raíces remotas. En el siglo XVI podemos encontrar algunos atisbos de ella. Pero es durante la

que se compone de metas como el amor, el trabajo y la cultura; supone la realización más completa de uno mismo, de acuerdo con las posibilidades de nuestra condición; esto es, *hacer algo con la propia vida que merezca realmente la pena*. El *bienestar*, por su parte, representa para muchos la fórmula moderna de la felicidad: buen nivel de vida y ausencia de molestias físicas o problemas importantes; en una palabra, sentirse bien y, en un lenguaje más actual, seguridad.

Y la *alegría*, de la que antes hablaba, no hay que confundirla con el *placer. En el hombre* light *hay placer sin alegría,* porque ha vaciado la auténtica alegría de su proyecto, lo ha dejado hueco, sin consistencia. Hoy, la forma suprema de placer es la sexual, que para muchos constituye casi una religión. Hay que supeditarlo todo al sexo. La entronización del orgasmo tiene así su máximo cenit. Por ese atajo, por el que se pretende lo inmediato, la satisfacción rápida y sin problemas, a la larga se desliza el hombre hacia una serie de fracasos e insatisfacciones acumulados. Desde luego, por ahí es muy difícil toparse con la felicidad. Un hombre intrigado y atraído por muchas cosas, que curiosea aquí y allá, pero sin vincularse con nada, que tiene en sí mismo su origen y su destino, acaba por pensar que él representa el fin de la existencia, con lo cual escamotea una parte esen-

Ilustración cuando se expansiona, para generalizarse ya a partir de la II Guerra Mundial.

En nuestros días, *el concepto de bienestar se construye más sobre la forma que sobre el contenido*. Saca a relucir aquella máxima de que es mejor *tener* que *ser,* y de ahí se derivan muchos desencantos contemporáneos.

cial del argumento de la verdad, que apunta hacia *la libertad personal, hecha y tejida de riesgos.*

El prototipo de *hombre light* busca lo absoluto, desde su punto de vista. ¿De qué forma? Convirtiéndolo en relativo. Todo es positivo y negativo, bueno y malo; o nada es bueno ni malo, sino que depende de lo que uno piense, de sus opiniones. Los nuevos valores son los del triunfador [8]. Cicerón decía que lo fundamental para llevar una existencia ordenada era el respeto a uno mismo y a los demás, buscando la trascendencia. Una vez disueltos los lazos de la solidaridad y entregado a un individualismo atroz, el hombre se mueve sólo alrededor de sí mismo.

Actualmente, cuando ya se han volatilizado las visiones globales, se vive en un *realismo a la carta,* en el que cada uno ve lo que quiere e interpreta la realidad de forma particular, acomodándola a sus planes y preferencias. Despedazado y troceado, el hombre se hace segmento parcial de acuerdo con lo que le apetece y se desvincula de los demás hombres. Dice el Talmud, en una de sus sentencias, que el hombre fuerte es el que domina sus pasiones, el sabio el que aprende de todos con amor y, el honrado, aquel que trata a todos con dignidad, honrando a cada ser humano.

Y es que cuando se pierden los resortes más nobles de la conducta, como la negación de la verdad y sus consecuencias, el hombre se despoja de responsabilidad personal. En-

[8] La exaltación del ganador deja a legiones de perdedores fuera del *ring* social. Remito al lector al capítulo «Psicología del fracaso», en el que explico la importancia de las derrotas en cualquier travesía biográfica.

tonces, ya no hay debate de ideas, ni se persigue ese *hombre auténtico* del que hablaban los existencialistas, sino que todo queda suspendido en un mundo sin ideales. Más tarde, como fruta madura, emerge un *cinismo práctico*, expresión de la fría supresión de los dignos anhelos y de la caída en una actitud propia del que está de vuelta. *Es la decepción plena, el atrincheramiento de cada uno en su individualismo atroz.* Ya no hay verdades rotundas que sostengan al hombre, *todo es negociable*. Y así, podemos afirmar que *el que alienta traiciones, las hace*.

André Glucksman, en su libro *Cinismo y pasión*, se pregunta de qué sirven la filosofía y el pensamiento en tiempos de crisis. Pues de casi nada, ya que cada existencia flamea en solitario. No olvidemos, por ejemplo, el drama actual de las rupturas conyugales, que acaban con tantas vidas.

El cínico no niega la realidad, la comprueba y la reconoce, pero no le compensa alcanzar la verdad y lo que ésta trae consigo. Maquiavelo [9], que era un cínico, logró que el fraile Savonarola fuera a moralizar la vida de Florencia, pero terminó muriendo en la horca. La tesis maquiavélica consistía en poner de manifiesto que de nada servía esta actitud del religioso, ya que aunque tuviera razón, no había alcanzado un final feliz. El cínico es de un pragmatismo atroz, frío, sarcástico; para él, el fin justifica los medios; * hace lo contrario de lo que piensa, va a lo suyo con procacidad y carece de moral. Por el contrario, el *escéptico* es

[9] Maquiavelo fue un político italiano que vivió entre los siglos XV y XVI. En 1498 fue elegido secretario de la Cancillería de Florencia y se encargó de diversas misiones diplomáticas. En su libro *El Príncipe* expone la defensa del pragmatismo político a costa de todo.

* Mi artículo en "Centenario Música Nueva" titulado "ARTE Y TIEMPO PASADO"

más honrado, piensa que es imposible alcanzar la verdad, pero respeta a los que dicen poseerla o buscarla.

Con la *verdad indefensa,* lo más frecuente es entregarse a la moda, que es lo que hace el *hombre light.* En vez de combatir el cinismo mediante convicciones firmes, se arroja en brazos de lo que se lleva. No puede haber fidelidades permanentes, porque todo es negociable. Esta cultura de finales del siglo XX nos muestra un tipo humano frágil, precario, ajeno a los valores, a lo que verdaderamente tiene valor, inconsistente, endeble en sus coordenadas, capaz de cambiar de rumbo si puede aumentar esa *motivación tetralógica* que voy exponiendo a lo largo de estas páginas: *hedonismo-consumismo-permisividad-relativismo.*

Mi afición a la "... penúltima moda"

IV. El camino del nihilismo

SOBRE LA PALABRA «LIBERTAD»

Hay que distinguir bien los conceptos *libertad* y *liberal*. Griegos y romanos aplicaban el adjetivo correspondiente al término *libertad* para referirse al hombre no esclavizado, no sometido. Así, una persona «utilizaba su libertad» cuando era capaz de decidir por sí misma. Ya Sócrates, Platón y Aristóteles establecían una distinción entre *libertad de la voluntad*, por un lado, y *libertad de elección*, por otra. Con la primera aludían a ese proceso necesario de educar la voluntad para que ésta sea capaz de inclinarse hacia las metas más altas; con la segunda, a la búsqueda de la felicidad, dirección a la que debe apuntar nuestra conducta. Ambas concepciones están estrechamente relacionadas. No hay elección adecuada sin una voluntad templada en el «horno» de la disciplina.

Libertad es, pues, autodeterminación y responsabilidad. A lo largo de la historia del pensamiento han existido tres concepciones de ella:

1. *Libertad natural,* que nos impone un determinado tipo de orden que está en la naturaleza y en el que descubrimos cómo todos los acontecimientos se encuentran estrechamente imbricados.
2. *Libertad política o social,* que no es otra cosa que el medio exterior en el cual se desarrolla el hombre.
3. *Libertad personal,* que significa autonomía, independencia, ser uno mismo, poder hacer lo que se quiera dentro de un orden y dirigir los propios pasos hacia donde uno crea que es mejor.

Surge de inmediato la cuestión de que la libertad puede usarse bien o mal. Ya lo decía Ovidio: «Veo lo mejor y lo apruebo, pero sigo lo peor.» El mismo San Pablo comentaba: «Pues no hago lo que quiero, sino lo que detesto» (Rom 7, 15). Ahí reside la contradicción del hombre, la dificultad para canalizar su existencia hacia lo más positivo. *El mejor objetivo de la libertad es el bien.* Se trata de buscar lo mejor, intentar conquistar las cimas a las que realmente se puede aspirar. *El bien es lo que todos apetecen* o, dicho de otra forma, *aquello que es capaz de saciar la más profunda sed del hombre.*

Por eso, mejor que hablar de libertad *de* o *para* —como dirían los existencialistas—, hay que referirse a la *libertad fundamental,* aquella que es base y origen de las demás: *la búsqueda del bien o de la felicidad.*

Por lo que respecta a la palabra *liberal,* ésta se aplica más a los ámbitos sociopolíticos y de la actuación personal. Su origen se remonta al siglo XIX y significa persona abierta, pluralista, transigente, tolerante, capaz de dialogar con aquellos que defienden posturas distintas y contrarias a la suya. Fue en Inglaterra donde adquirió un claro significado político, oponiéndose al término conservador; en Alemania se utilizó en un sentido más cultural y en España comenzó a circular en las Cortes Constituyentes de Cádiz (1812).

De aquí se derivan dos consecuencias muy distintas:

1. *La política.* El Estado liberal es el que se estructura sin jerarquías ni privilegios, ya que el pueblo regula y elige a sus representantes.
2. *La moral.* Lleva a no considerar ninguna norma de conducta como sustancial; todo es absolutamente individual y subjetivo. Esta concepción va a tener repercusiones importantes en el tema que nos ocupa.

¿QUÉ SIGNIFICA PERMISIVIDAD?

Quiero citar, al respecto, un texto de Miguel de Unamuno [1]:

> «Se dice, y acaso se cree, que la libertad consiste en dejar crecer una planta, en no ponerle rodrigones, ni guías, ni obstáculos; en no podarla, obligándola a que tome ésta u otra forma; en dejarla que arroje por sí, y sin coacción alguna, sus brotes y sus hojas y sus flores. Y la libertad no está en el follaje, sino en las raíces, y de nada sirve dejarle al árbol libre la copa y abiertos de par en par los caminos del cielo, si sus raíces se encuentran, al poco de crecer, con dura roca impenetrable, seca y árida o con tierra de muerte.»

[1] *Diario íntimo,* Alianza Editorial, Madrid, 1969.

La idea de abrir de par en par las puertas de la libertad es preciso entenderla de forma adecuada. Se trata de descubrir aquello que verdaderamente hace progresar al hombre, de modo que su proyecto como persona sea lo más rico y positivo posible. Dado que el ser humano es *perfectible* y *defectible,* el uso adecuado de la libertad y la voluntad serán las velas que empujen su navegación a buen puerto.

Por el contrario, *permisividad significa que uno ya no tiene prohibiciones, ni territorios vedados ni impedimentos que lo frenen,* salvo las coordenadas externas de las leyes cívicas, de por sí muy generales. La permisividad se sustenta sobre una *tolerancia total*, que considera todo válido y lícito, con tal de que a la instancia subjetiva le parezca bien.

Emergen así intereses miniaturizados, grupos pequeños que provocan una sorpresa inicial en la sociedad y que, más tarde, se deslizan hacia *una indiferencia relajada,* una mezcla de *insensibilidad fría, escéptica, desapasionada y cruel* que, antes o después, aterrizará en el vacío. Se ha dicho que la época posmoderna es una etapa marcada por la desustancialización, impregnada, precisamente, de la lógica del vacío.

¿Por qué tiene un trasfondo nihilista la permisividad? La respuesta es que un hombre hedonista, consumista y relativista es *un hombre sin referentes,* sin puntos de apoyo, envilecido, rebajado, codificado, convertido en un ser libre que se mueve por todas partes, pero que no sabe a dónde va; un hombre que, en vez de ser *brújula,* es *veleta.*

Así viene a la mente un conjunto de estados anímicos engarzados por el tedio, el aburrimiento, la desolación, una especial forma de tristeza... Entonces aflora una nueva pasión: *la pasión por la nada*; y un nuevo experimento: hacer tabla rasa de todo para ver qué sale de esta rotura de las directrices y superficies de la geometría humana. Y ello sin dramas, sin catástrofes ni vértigos trágicos.

Hoy, a excepción del ámbito político, no hay debate ideológico en la Europa del bienestar y la opulencia, y un ejemplo claro es la televisión: se trata de ganar audiencia como sea y no, precisamente, estimulando las vertientes culturales. Se acude a la pornografía, a la violencia o a los programas de escándalo, y en estas circunstancias *todo invita al descompromiso*[2]. La desidia está de moda; está de moda la vida rota, deshilachada, así como los personajes sin mensaje interior[3].

El hombre light *es vacío,* que vive en la *era del vacío* o, como afirma Daniel Bell, en una *etapa de rebelión contra*

[2] Quizás el ejemplo más patente lo tenemos en la vida conyugal. Para algunos el matrimonio estable de hace tan sólo quince o veinte años es una empresa entre utópica e imposible. ¿Por qué? Porque sólo quien es libre es capaz de comprometerse. Y el hombre posmoderno es cada vez más esclavo de sus pasiones, de sus gustos subjetivos. Prefiere una bulimia de sensaciones: probarlo todo, verlo todo, bajar al fondo de todo... Pero no para conocer mejor los resortes personales y buscar una mejoría, sino para divertirse sin más. Ya *no hay ni inquietudes culturales, ni denuncias, ni grandes aspiraciones sociales.* En Occidente lo interesante es jugar, vivir sin objetivos nobles o humanistas. Éste es el drama de la permisividad: *una existencia indiferente, sin aspiraciones, edificada de espaldas a cualquier compromiso trascendente.*

[3] Recuerdo un lema que leí en un viaje a Londres: «No hay nada que decir... ¡qué más da!... Lo único que queremos es experimentar y sentir placeres.» Eran jóvenes «vegetando» sin motivaciones ni intereses. La permisividad llega a ser una religión, cuyo credo es una curiosidad de sensaciones dispersa, un atreverse a llegar cada vez más lejos, un culto a

todos los estilos de vida reinantes. Guy Debord habla de la *sociedad del espectáculo,* aquella en la que se produce una discusión vacía y los medios de comunicación insisten una y otra vez en no decir nada. Y otro pensador contemporáneo, Hans Magnus, dice que estamos ante la *mediocridad de un nuevo analfabetismo.*

Como hemos adelantado, *permisividad y subjetivismo forman un binomio estrechamente entrelazado.* El *subjetivismo,* que insiste una y otra vez en que la única norma de conducta es el punto de vista personal, *se va instalando de espaldas a la verdad del hombre y de su naturaleza, buscando y persiguiendo el beneficio inmediato.* Con ello se quiere afirmar que *la verdad es lo útil, lo práctico,* y, en consecuencia, nada es absoluto ni definitivo; todo depende de un entramado de relaciones complejas, nada es verdad ni mentira. Siguiendo esta línea argumental caemos en el *relativismo* de querer encontrar la verdad a través de nuestros deseos y pensamientos. Así alcanzamos una verdad subjetiva, replegada sobre sí misma, sin vinculación alguna con la realidad. Es la *apoteosis de las opiniones y los juicios particulares,* con lo que se cae en un *nuevo absoluto: todo es relativo.*

El relativismo se define, por tanto, como aquella postura según la cual no existe ninguna verdad absoluta, universal, válida y necesaria para todos los seres humanos. Dicho en lenguaje matemático: la verdad es una mera función de una variable condicionada.

la tolerancia total, sin cortapisas. En pocas palabras, indiferencia general hilvanada de curiosidad y tolerancia infinita.

Ya Protágoras afirmaba que «el hombre es la medida de todas las cosas». La mente de cada sujeto y su visión de la realidad, así como los tipos de vivencias que hayan surcado su vida, darán un tipo u otro de verdad.

RELATIVISMO Y ESCEPTICISMO

La filosofía del relativismo desemboca gradualmente en el escepticismo, pero existe una diferencia clara entre uno y otro: para el relativismo, la verdad es algo que está en constante cambio, moviéndose de acá para allá, según el juicio de cada uno: asume, por tanto, un carácter relativo; para el escepticismo, la verdad absoluta sí existe, pero la razón humana es incapaz de alcanzarla: se produce, pues, una desvalorización del entendimiento, que no puede acceder a las cimas del conocimiento de la verdad con los medios naturales que tiene a mano.

Las raíces históricas del relativismo hay que buscarlas tanto en la Ilustración que recorre el siglo XVIII como en el liberalismo del XIX. Ambos, junto al marxismo posterior, provocan el estado actual de las ideas. *Relativismo, escepticismo y finalmente nihilismo tienen un tono devorador,* porque de ellos emerge un hombre pesimista, desilusionado, indiferente a la verdad por comodidad, por no profundizar en cuestiones sustanciales. Así surge la idea del *consenso* * como *juez último*: lo que diga la mayoría es la verdad.

Sin embargo, en tanto que *respuesta de una muestra de la población a un tema planteado,* el consenso es un error, ya que algo no es bueno o malo porque lo diga la mayoría,

* Mi "odiada" palabra ~~que~~ masivamente empleada en las "oratorias" social/políticas de nuestro tiempo final - principio 2001-2002

sino porque en sí mismo resulta positivo o negativo. Al *hombre light* no le interesa la diferencia entre lo bueno y lo malo ni entre lo verdadero y lo falso; si todo es válido, si todo tiene la misma lectura, nos deslizamos hacia una contradicción interna muy clara: *si toda verdad es relativa, si todo está condicionado, subordinado, vinculado a otras variables, hay que admitir también que toda verdad es absoluta,* con lo que se niega la premisa mayor y caemos en un sin sentido argumental: *contraditio in termini*, contradicción interna básica.

Hay un lema subliminal que flota en la mente del *hombre light*: *¿Por qué no?* O, dicho de otro modo, *atrévete a llegar más lejos aún, pruébalo todo a ver qué sientes.* Ya es posible la combinación incesante y rotatoria de posibilidades inéditas, buscando nuevos paraísos. Es como un *vértigo de sensaciones caleidoscópicas distintas.* Pero estas experiencias no buscan nada profundo, ni lo pretenden; sólo quieren conseguir que el hombre se distraiga, lo pase bien y no se aburra [4].

La convicción de que el hambre de absoluto es imposible (*escepticismo*) produce un tipo de vida en la que gradualmente se va perdiendo su sentido (*existencia a la deriva*: no se entienden cabalmente los grandes temas de la humanidad

[4] Esto es lo que hace hoy la televisión. Ella no pretende grandes empresas: educar o fomentar un tipo de hombre más culto o elevar el nivel de inquietudes de los telespectadores, sino simplemente tenerlos entretenidos, que lo pasen bien. Da igual que sean películas de este tipo o de aquel otro. Ahora bien, cuando hay mucha competencia, hay que ganar audiencia como sea: ahí entra el sexo, la pornografía, los concursos ramplones y simples, las telenovelas y un largo etcétera en esa línea pobre e insustancial.

como el sufrimiento, el dolor, la muerte, de dónde venimos y a dónde vamos, etc.) y se entra en una especie de *melancolía* que no apunta en ninguna dirección (como no sea el consumismo y el liberalismo que disuelve todos los contenidos).

¿Qué salida queda? Si es imposible ascender a lo trascendente por falta de perspectiva, resulta necesario *zambullirse en lo inmediato*: la búsqueda incesante del bienestar. El confort se convierte en filosofía y meta máxima; es el *welfare state* de los americanos. Pero, ¿radica la felicidad en el bienestar, el dinero, el poder, la fama, la belleza, los honores, los títulos, las distinciones, los placeres, la seguridad personal, económica y social? En todas y cada una de esas circunstancias uno se puede encontrar satisfecho, pero la felicidad es algo más profundo y complejo, ya que engloba al ser humano como totalidad [5].

¿Qué es, en qué consiste? En primer lugar, se trata de un *estado de ánimo satisfecho, contento, alegre, a través del cual manifiesto mi dicha por vivir de acuerdo con lo que había proyectado*. Al analizar la vida en su conjunto, como totalidad, experimento la satisfacción de haber cumplido algunos de sus objetivos más importantes. De ahí que se pueda afirmar que la *felicidad es un resultado*: la realización más completa de uno mismo. Esto implica dos cosas:

1. Que me he encontrado *a mí mismo* (tengo una personalidad adecuadamente estructurada, lo que quiere decir que estoy a gusto conmigo mismo).

[5] Véase mi libro *Una teoría de la felicidad* (Ed. Dossat, Madrid, 1992, 11ª edición), donde se expone el tema con detalle.

2. Que tengo un *proyecto de vida coherente* (con tres ingredientes fundamentales: amor, trabajo y cultura).

Los síntomas de la verdadera felicidad son la paz interior —en medio de las dificultades, los reveses de fortuna o las privaciones más elementales—, el gozo, la serenidad, la armonía con uno mismo, el equilibrio... *La felicidad significa ir progresando al máximo a nivel personal.* La trayectoria biográfica, entonces, se vive como algo que merece la pena, a pesar de los sinsabores y los problemas que tantas veces surcan la existencia. Por ello, la felicidad está muy relacionada con la coherencia interior, tanto en la teoría como en la práctica, porque *llevar una vida coherente conduce a la felicidad.*

V. La sociedad divertida

LA MODA COMO EJE DE LA CONDUCTA

En los ambientes *lights* hay una expresión que se repite como si fuera una máxima: «Fulanito es muy divertido», con lo que se da a entender que uno de los atractivos de esa persona es su capacidad de asombrar a los demás y hacer que lo pasen bien. La gente, las reuniones, las cenas o los libros son calificados de «divertidos», como si esto fuera lo mejor que se puede decir de ellos. También las modas en el lenguaje coloquial traducen lo que está sucediendo, porque constituyen *el eje alrededor del cual gira la sociedad posmoderna*.

No importa que los códigos que hoy rigen tengan consistencia o sean banales; da igual. Lo decisivo es que un comportamiento determinado se lleve.

Como he apuntado en otros capítulos, *el hombre* light *es un producto que abunda especialmente en los niveles socioeconómicos altos de Occidente. También puede aflorar en estratos medios y medio-bajos, como influjo resonante de las capas superiores. En tal sentido, las revistas del co-*

razón hacen de correa de transmisión: se imita la forma de vestir de los personajes que en ellas aparecen, sus expresiones y, lo que es más grave, su tipo de vida, tantas veces vacío y roto, deshilachado.

Al tener el hombre de la sociedad del bienestar todas las apetencias materiales cubiertas, además de una serie de libertades claramente dibujadas, puede suceder que si no abre otras vías más ricas en el campo cultural o espiritual se deslizará por una rampa que termina en la frivolidad.

En el hombre esencialmente frívolo no hay debate ideológico ni inquietudes culturales. ¿Cuáles son sus principales motivaciones? Todas aquéllas correspondientes al *hedonismo materialista permisivo,* característico de lo que Gilles Lipovetsky denomina en su libro *El imperio de lo efímero* «el siglo de la seducción y de lo efímero». Una sociedad dominada por la frivolidad, centrada en el consumo, aturdida por la publicidad, infantilizada e influenciada por los «personajillos» que están en candelero no es capaz de establecer sistemas, teorías o esquemas posibles para la vida pública.

En el *hombre light* hay una ausencia casi absoluta de cultura. Dentro del terreno intelectual, sólo busca aquello que tiene relación con su vida profesional. Su nivel de lectura (ensayos o novelas actuales) es prácticamente mínimo, y no digamos si se trata de obras clásicas. Aquello *que no es trabajo profesional* resulta *leve, ligero, evanescente. La regla de oro es la superficialidad,* de tal forma que en una cena, por ejemplo, si aparece un tema serio, es muy frecuente que en seguida alguien lo trivialice poniendo un disolvente irónico que despista a los contertulios y los lleva nuevamente a ese no hablar de nada. De hecho, se repiten continuamente las mismas frases, comentarios o tópicos del lenguaje [1].

LA ENFERMEDAD DE LA ABUNDANCIA

Pero, ¿de qué se habla cuando digo que no se habla de nada? Pues de la vida ajena, de las rupturas de parejas famosas, de algún negocio importante que haya dado a cualquiera de los asistentes una buena cantidad de dinero... En conclusión, pobreza total de contenidos. El problema fundamental es que el *hombre light* no tiene fondo y por eso es muy difícil que sea capaz de mantener una conversación de cierta altura. Temas relacionados con la literatura o la cultura son muy raros, pero si por alguna razón persisten, es frecuente observar que el *hombre light* toma sorprendentemente parte activa en ese diálogo. La interpretación de este hecho yo la formularía así: si tengo bastante poder, en mi negocio gano mucho dinero y he triunfado de algún modo, ¿cómo no voy a saber yo opinar de esto, de aquello o de lo de más allá? *Ser rico o ganar mucho dinero son las mejores cartas de presentación en un ambiente* light. Aunque se niegue, éste es el hilo conductor que hilvana todas las relaciones. En más de una ocasión he oído comentar como el máximo elogio hacia alguien, que «tiene cinco guardaespaldas».

[1] En *Yuppies, jet set, la movida y otras especies* (Ed. Temas de Hoy, Madrid, 1988), su autora, Carmen de Posadas, menciona este tema de forma desenfadada y con un fondo crítico muy sugerente.

Los temas de los que habla el *hombre light* podrían quedar enumerados así: la vida ajena, los viajes y las anécdotas de los mismos, la cena de esta o aquella persona (en la que lo importante era sobre todo *estar*) o la última separación conyugal (sobre la que cada uno manifiesta sus preferencias y críticas). Cuando se aborda el drama epidémico de estas rupturas, es posible que la conversación adopte un tono más interesante, pues el asunto es verdaderamente serio.

En ese caso, uno puede encontrarse con la agradable sorpresa de lograr una auténtica tertulia, con todos sus ingredientes: diálogo abierto, provechoso, con réplicas atinadas y participación activa. No obstante, si el espíritu *light* es excesivo, todo se mueve por la pendiente de los tópicos, el hedonismo y la permisividad.

El marido de una paciente me decía en la consulta: «Doctor, usted irá a cenas interesantísimas en las que se hablará de todo y saldrá enriquecido.» «No», le respondí. Muchas veces me he acordado de esta observación, especialmente cuando el grado de frivolidad alcanza sus cotas máximas.

En este final de siglo, *la enfermedad de Occidente es la de la abundancia: tener todo lo material y haber reducido al mínimo lo espiritual*. No importan ya los héroes, los personajes que se proponen como modelo carecen de ideales: son vidas conocidas por su nivel económico y social, pero rotas, sin atractivo, incapaces de echar a volar y superarse a sí mismas. Gente repleta de todo, llena de cosas, pero sin brújula, que *recorren su existencia consumiendo, entretenidos en cualquier asuntillo y pasándolo bien, sin más pretensiones*.

VI. Sexualidad light

DEFINICIÓN DEL AMOR HUMANO

Se habla hoy mucho de amores y, más concretamente, de *uniones sentimentales*, pero muy poco del *amor*, por lo que deducimos la confusión que suscita. A cualquier relación superficial y pasajera la llamamos «amor». Una de las formas más representativas del amor es la que se practica entre hombre y mujer. El análisis de ese encuentro, sus recovecos, los pliegues por los que éste asoma, nos ofrecen una serie sucesiva de paisajes psicológicos muy interesantes, que ilustran lo que es y en lo que consiste realmente el amor, ya que hablamos de él sin demasiada propiedad.

Hay que volver a descubrir su verdadero sentido, aunque sea una cuestión impopular y difícil de conseguir. Hay que recuperar el término en su sentido teórico y práctico, volver a incluirlo en nuestra vida.

En definitiva: restituir su profundidad y su misterio. Esa va a ser la tarea de este capítulo y la primera cuestión consiste en identificar y distinguir *amor* de *sexo*.

En muchas relaciones sexuales hay de todo, menos amor auténtico, por mucho que le apliquemos ese calificativo; en realidad, es pasión, pero desde luego no es amor. Está claro que en un mundo en crisis de valores como el nuestro todo vale, todo es tolerable, admitimos cualquier cosa, en concreto todo lo referido al pensamiento y las ideas.

El *amor humano* es un *sentimiento de aprobación y afirmación del otro,* por el que nuestra vida tiene un nuevo sentido de búsqueda y deseo de estar junto a la otra persona. Desde la atracción inicial al enamoramiento hay un largo camino por recorrer; unos se quedan a mitad de trayecto; otros, prosperan y alcanzan ese *desear estar junto al otro,* una de las características que definen al amor.

¿Qué es amar a alguien? ¿Qué significa? Amar a otra persona es desearle lo mejor, mirar por ella, tratarla de forma excepcional, darle lo mejor de nosotros. Lo que inicialmente atrae es la apariencia física, la belleza, que luego se torna psicológica y espiritual. En general, podemos afirmar que *el amor basado y centrado en la belleza física suele tener mal pronóstico.* Con él no se llega muy lejos, por eso, en el enamoramiento, el sentimiento esencial es «Te necesito», «Eres para mí fundamento de vida», «Eres mi proyecto». Dicho en términos coloquiales: «Eres mi vida.» Maurice Blondel define el amor así: *«L'amour est par excellence ce qui fait être»,* «El amor es ante todo lo que hace ser».

Lo que el hombre necesita en la vida es amor, amar y ser amado. *La felicidad no es posible sin el amor.* Amar a otra persona es querer su libertad, que se acerque lo más posible a ella, es decir, al bien. Ésa es su gran meta. Ayudar a la otra persona a tirar de ella hacia arriba, ayudarle a exteriorizar todo, a que esté contenta y dichosa con su existencia.

LA RELACIÓN SEXUAL SIN AMOR

Cualquier amor auténtico aspira al estado absoluto. Un amor de ese tipo llena el corazón del hombre de alegría y paz, y lo sacia interiormente, se siente pleno. El gran objetivo es el bien, que puede ser de tres tipos:

1. *Bien útil.* Está considerado desde un punto de vista práctico. Por ejemplo, es más útil ir de Madrid a Buenos Aires en avión que en barco, porque supone ahorro de tiempo y dinero.
2. *Bien agradable.* Aquel que nos brinda algún tipo de placer, que percibimos por medio de la satisfacción que nos produce.
3. *Bien moral.* Aquel que tiene la bondad en sí mismo, ya que apunta a la mejor evolución del ser humano, aunque sean necesarios esfuerzo y lucha para conseguirlo. Por ejemplo, Tomás Moro hizo una cosa buena cuando se opuso a Enrique VIII, aunque le costara la vida; pero quedó para la historia su ejemplo de bien moral y coherencia interior.

Pues bien, en *la relación sexual sin amor auténtico* el otro es un objeto de placer. No se busca el bien del otro, sino el goce con él. Bajo ningún concepto se puede denominar a esto *amor verdadero,* porque hemos utilizado e instrumentalizado para satisfacer nuestro placer a una persona «querida». En este tipo de relación, la persona que utiliza al otro es egoísta, ególatra y sólo persigue su propia satisfacción; pero nunca hay un encuentro verdadero entre un *yo* y un *tú,* sino una unión sin vínculos.

Hay que construir una nueva pedagogía del amor, partiendo de uno mismo y no del placer sexual antes que el amor. Precisamente esta tergiversación de términos nos ha conducido a un *consumo de sexo,* que se aleja del sentido profundo del encuentro amoroso. El *partenaire* en las relaciones sexuales no tiene importancia como persona, sólo como físico. El que únicamente persigue el sexo no necesita a otra persona, sólo desea sacar provecho de ella. Esta relación se convierte en algo pobre, hedonista, egoísta... El trato sexual indiscriminado aleja al hombre de la mujer, porque se produce un contacto superficial, trivial, débil e insignificante. No son válidos los argumentos estadísticos de «Esto lo hace mucha gente», «La vida está hoy así» o «Éstos son los tiempos que corren», para que dos personas se entreguen íntimamente sin amor, porque todo se desvirtúa. De ahí que lo que se consigue sin esfuerzo y sin compromiso no se aprecie, pierda su valor y, a la larga, hasta su atractivo.

La sexualidad sin amor auténtico conduce a un vacío gradual que desemboca en hastío, indiferencia y escepticismo, es decir, una actitud descomprometida en exceso. A veces, incluso, con espíritu crítico podemos descubrir en su trasfondo notas autodestructivas.

10-3-02

SEXUALIDAD VACÍA Y SIN RUMBO

Hoy asistimos a una *idolatría del sexo*. Los medios de comunicación y, en especial, el cine y la televisión, nos lo han servido en bandeja. Hay sexo por todas partes, sin afectividad ni amor, sino como una ruta serpenteante, divertida y traviesa, en la que se mezclan valores como la conquista, la búsqueda del placer y el disfrute sin restricciones. Los medios de comunicación prometen la liberación y el encuentro con uno mismo en paraísos de sensaciones maravillosas: sexo sin fin, diversión, juego caprichoso. Así, se pretende engañar y convencer al hombre de que sexo y amor significan lo mismo, de que practicar el sexo es interesante, sin plantearse nada más. Todo desde un punto de vista material y deshumanizado.

Vivimos en una época confusa en este aspecto, ya que hemos perdido los puntos de referencia, porque los valores se han perdido, todo se torna relativo y descendemos así por la rampa del subjetivismo y del egocentrismo, en una palabra: egoísmo. Cada uno tiene un código particular de valores en que se deja de llamar a las cosas por su nombre. Se llega así a un *amor de rebajas*: todo a bajo precio, ligero, *light,* sin contenido, insustancial, sin rumbo; una relación anónima, indiferente, pasajera, que se lleva a cabo de forma animal y primaria ante la primera oportunidad que surge. En una palabra: *sexualidad sin importancia, sin interés, devaluada, carente de auténtica intimidad,* en la cual no existe amor aunque este término se tergiverse y utilice machaconamente, sí encuentros físicos para disfrutar recíprocamente y en los que se da una utilización mutua. Sin embargo, *el amor verdadero hace más humano al hombre, transforma su pasado e ilumina su porvenir*; es una síntesis de ingredientes físicos, psicológicos y espirituales. Por el amor verdadero somos más dueños de sí, y nos ennoblecemos. Tiene los ingredientes necesarios: es exclusivo y brota de una afinidad que se desliza hacia la elección; se produce una excursión hacia la intimidad de la otra persona, con lo que esto implica: descubrirla y ser partícipe de sus deseos e ilusiones.

Al igual que en el adulto, esto también se da en el niño y el adolescente: ambos descubren la vida con el paso del tiempo, gradualmente, acostumbrándose a su complejidad y recovecos. Es decir, se practicará una espeleología interior o un descenso a las zonas profundas de la personalidad, con riesgo de quedar atrapado en ellas. Sin embargo, en las *relaciones light* esto no es posible, porque no hay una pretensión de conocer al otro; porque es transitorio, epidérmico e intrascendente.

Todo lo que conlleva el amor verdadero se traduce en un gozo interior que es promesa de futuro y necesidad de compartir la vida, arriesgándola. Se ha encontrado una persona que merece la pena, alguien ante la que uno se detiene y con la que se plantea la posibilidad de iniciar un camino. O dicho de otro modo: también podemos descubrir tierras inexploradas y saber qué hay tras ellas. Todo esto es la atracción, por lo que uno se plantea jugárselo todo a una carta. No es *algo* lo que vemos sino *alguien* interesante y valioso, que provoca en nosotros admiración [1]. Es un ha-

[1] La condición *sine qua non* para enamorarse de otra persona es la admiración: querer penetrar en su conocimiento, ver qué hay allí, buscar su contenido, íntimamente; descubrir el complemento de la *belleza exterior*, es decir, la armonía y el orden o coherencia interior. Este viaje psicológico constituye una de las vivencias más inolvidables por las que puede atravesar el ser humano.

llazgo misterioso y fascinante que, cuando con él sigue adelante todo, nos gusta recordarlo como uno de esos momentos estelares de la existencia.

LAS TRES CARAS DEL ACTO SEXUAL

La relación sexual debe quedar definida partiendo del amor. Por otra parte, *la sexualidad es un lenguaje por el que transmitimos la afectividad,* ya que la persona, porque es sexuada, necesita un intercambio físico, y esto implica rebasar el mero contacto sexual, ir más allá de sí mismo, buscar la promoción del otro en todos los ámbitos de la vida. Es encontrar la pareja como proyecto, como programa común, arriesgándonos en esta aventura en la que es necesario quemar las naves si se quiere que no naufrague.

Leibniz decía en su libro *Nouveaux essais*: «Amor quiere decir sentirse inclinado a alegrarse en la perfección y el bien del otro, en su felicidad.» No hay amor sin alegría, pero en la *relación sexual light* lo que existe es un *bienestar sin alegría auténtica.* Es un estallido de placer fugaz, que no ayuda a la maduración de la personalidad; un *consumo de sexo* en sus diferentes versiones. La pornografía, las revistas, los vídeos, los teléfonos eróticos, etc., se han convertido en un gran negocio, en el que se explotan las pasiones más ligadas a los instintos, en el que se potencia lo más primario del hombre, pero desligado de su fin amoroso. Por eso, *la sexualidad light* no hace más dueño de uno mismo, ni mejora la personalidad, ni torna al hombre más comprensivo y humano. Lo introduce en un carrusel de sensaciones orgásmicas y de un consumo de sexo que cada vez pide más y que conduce a una neurosis obsesiva por conseguirlo, y, en consecuencia, a una deshumanización.

El acto sexual con amor de verdad consta de tres ingredientes esenciales: *físico, psicológico,* y *espiritual.* El otro es aceptado como persona y el hecho de quedar desnudos el uno frente al otro produce una entrega singular en el que ambos *dan* y *reciben* amor. Son dos intimidades que se funden y buscan ayuda, y comparten la vida con todo lo que ésta conlleva. Esa conjunción es reciprocidad.

Stendhal, en su tratado *Sobre el amor* [2], hace una detallada descripción de todos los sentimientos que implica esta palabra: delicadeza, esperanza, exageración de sus propiedades positivas y tendencia a la idealización —*cristalización*—. Ortega, en *Estudios sobre el amor* [3], dice que la conquista es «un juego de tira y afloja, de solicitud y desdén, de presencia y ausencia... juego mecánico sobre la atención del otro». Cuando se fija ese amor incipiente, uno se juega todo a una carta, y deja al descubierto qué tipo de verdad deseamos y a la que nos sometemos. También son interesantes los pensamientos de Max Scheler [4] sobre el amor y la amistad en su libro *Esencias y formas de la simpatía.* Su análisis fenomenológico busca lo eterno en el hombre desde la perspectiva de los sentimientos, quedando representado en los valores, que son intemporales, descubren lo mejor que hay en el hombre y conducen a la realización moral. Otro

2 *Sobre el amor,* Alianza Editorial, Madrid, 1968.

3 *Estudios sobre el amor,* Revista de Occidente, Madrid, 1973.

4 *Esencia y formas de la simpatía,* Ed. Losada, Buenos Aires, 1968.

autor alemán contemporáneo, Spaemann [5], dice que el mundo instintivo produce una satisfacción inmediata, pero que la felicidad a través del amor se centra en la ética antigua, que residía en el logro de la propia vida a base de respeto, trato cuidadoso, benevolencia y perdón.

La penumbra subterránea de cada uno se ilumina a través del amor verdadero, que aflora paulatinamente; mientras lo sexual es macroscópico, lo sentimental es microscópico; uno va a lo grueso y primero, mientras que el otro va al detalle y es más secundario. En la relación amorosa es fundamental la sexualidad, pero siempre supeditada a lo afectivo, no prioritaria.

LAS ATADURAS Y ESCLAVITUDES DEL MUNDO LIBRE

Casi todos los movimientos vanguardistas han perseguido arduamente la pasión frenética como novedad. Ahora estamos en la *posmodernidad.* Hay una trayectoria clave en la historia del pensamiento y es la que va desde la Revolución francesa (1789) hasta el enciclopedismo, de donde surgió la *creencia en el progreso indefinido.*

Todos los *ismos* artísticos estuvieron unidos a procesos políticos decisivos: desde el *fascismo* al *comunismo* revolucionario; desde el *surrealismo* preconizado por André Breton e inspirado de algún modo por Freud, al *marxismo* como teoría de la lucha de clases; desde el *existencialismo*

[5] *Felicidad y benevolencia*, Rialp, Madrid, 1991.

con toda su fuerza, a la pintura abstracta que va desde Vasilii Kandinsky y Paul Klee hasta Jasper Johns, Willem de Kooning, pasando por Miró, Antoni Tàpies y toda la pintura no realista. Después, el constructivismo, el expresionismo abstracto y el arte conceptual [6]. Hemos transitado del descrédito del marxismo como explicación global del mundo, a la sustitución del futurismo de la pintura. La muerte de Carlos Marx como símbolo ideológico trazó los límites entre dos etapas, el comienzo de una nueva era, cuya caída tiene un enorme significado histórico que empezamos ahora a presenciar.

De aquí es de donde se produce el *hombre light*. De esa zona de indefinición, de ese camino sin meta. *El frenesí de la diversión y la afirmación de que todo vale igual* nos muestra a un hombre para el que es más importante la velocidad en alcanzar lo deseado que la meta en sí. Esta *apoteosis de lo superficial ha ido teniendo una serie de dramáticas consecuencias: la adicción al sexo, a la droga, al juego, a los sedantes y al zapping,* todos como ansiolíticos. Aunque son manifestaciones diferentes, tienen un fondo común.

Con respecto al sexo, en un reportaje reciente de la agencia *Europa Today* (3-II-92) se analizan los efectos de una temprana iniciación sexual, de manera que los embarazos y los abortos entre adolescentes se han duplicado en algunos países europeos. Las relaciones sexuales son estimuladas continuamente en la televisión, donde el contacto es inme-

[6] Surgió éste en 1965. Su representante más significativo fue Marcel Duchamp, que se sirvió del lenguaje, motivos triviales y efímeros, y de la llamada «antiforma» para practicarlo. Esta concepción artística estaba

diato, al poco de conocerse. Los jóvenes no tienen recursos psicológicos ni educativos ni de formación para controlar este aluvión. Por otra parte, el tráfico de vídeos porno en algunos países como Alemania es una gran preocupación actual. Con el pensamiento *light* como bandera, no se puede censurar esa conducta comercial. ¿Por qué no es bueno eso, si a uno le gusta y no hace daño a nadie? A través del ibertex alemán, el más desarrollado de la Comunidad Europea, se pueden conseguir las imágenes sexuales más alucinantes, sorprendentes y depravadas que puedan imaginarse. Se trata de materiales en los que la mujer es humillada y presentada como objeto de placer, de usar y tirar, de subordinación y sumisión servil.

La pornografía es todo lo contrario a la sexualidad verdadera, frustra el auténtico progreso moral del hombre, y conduce las relaciones entre hombre-mujer a un trato de explotación. Para algunos ésa es una prueba evidente de libertad, pero desde luego es un camino acertado para esclavizarse y vivir supeditado a algo que exige constantemente una conducta sexual que puede desorientarnos y crear la sensación de pérdida de sí mismo. En el *lightismo* se confunde libertad con pornografía, se equiparan sin que importe demasiado. Por tanto, una sociedad que no es capaz de criticar esto, debilita sus bases morales y deforma los

más próxima a Jasper Johns, Rauschenberg, Klein y Piero Manzoni; no sucedía así con Picasso, Matisse o Mondrian. Se despoja a la obra creativa de estructura y límites, y todo vale: se esparcen piezas de fieltro; se arroja serrín; pigmentos sueltos, harina, látex, chapas metálicas de botellas, corchos e incluso *cornflakes*. Es un arte que no impone condiciones. Lo *light* aletea difuso y vaporoso.

comportamientos humanos, que sólo se mueven instintivamente y con un sentido muy materialista. Otra epidemia que afecta a la sociedad del *hombre light*, más directamente a la juventud, es la *droga*[7], de ahí su trascendencia.

Por otra parte está la adicción al juego que constituye una nueva enfermedad: los tragaperras, las maquinitas de los juegos recreativos que atrapan a sus consumidores, que no pueden sustraerse a su inclinación, llegan a crear una dependencia parecida a la de una droga. La *ludopatía* es definida en la actualidad como *una afición compulsiva al juego*; desde la lotería a las apuestas organizadas, pasando por sus diferentes formas. Es una tendencia irresistible.

En cuanto a los fármacos tranquilizantes, los datos están ahí. Según el semanario francés *L'Express* (25-I-91), entre 1984-1990 las recetas de tranquilizantes han aumentado en un 75 por ciento, lo que equivale a un coste de más de mil quinientos francos por persona. Los ansiolíticos constituyen el recurso más fácil. ¿Por qué? Se busca el deseo de evasión de la realidad personal, no grata y con un gran vacío existencial.

Hay un caso curioso y que pude leer en *The Independent* (12-II-92). Tras la etapa denominada *liberación sexual*, que condujo a la desinhibición total y al disfrute de todos los placeres corporales, surge la asociación *Sexalholics Anonymous,* algo parecido a los *alcohólicos anónimos,* que pide ayuda para frenar la campaña sexual actual, sobre todo por parte de la televisión y los *mass media.* Los que pertenecen a este colectivo son personas para las cuales la acti-

[7] Véase «Psicología de la droga», cap. XII, donde explico más detalladamente este problema.

vidad sexual se ha convertido en un impulso incoercible e incontrolable, una obsesión y una dependencia de las que no es posible escapar. Con respecto al sexo, es algo irresistible, insaciable, que obliga a pensar en tener relación física con cualquier persona que se le aproxima; una cuestión que se reduce a una búsqueda sin tregua y desesperada de sexo una y otra vez... Así sucesivamente, y el sexoadicto acaba por no ver en los demás más que simples objetos como consecuencia de una conducta primaria [8].

Pero hay otra adicción, sobre todo en EE. UU., los *workaholics* o adictos al trabajo, generalmente *yuppies* ansiosos de dinero y de éxito profesional, que suelen cosechar estrepitosos fracasos afectivos y familiares, que en la mayoría de los casos suele ser el precio que pagan por llegar a la cumbre profesional, dejando de lado todos los valores de su vida; es decir, el *hombre light* presenta un perfil especialmente claro.

Otro país con el mismo problema, pero más agravado, es Japón, donde esta adicción al trabajo se llama *karoshi*; se da especialmente entre los cuarenta y cincuenta años, no por iniciativa propia, sino que son explotados por sus empresas, donde el concepto de rendimiento es casi como una religión.

Hay una novedad reciente en la psiquiatría americana: los sujetos adictos al psicoterapeuta son personas que sufren *crisis de identidad*, no se encuentran a sí mismas, están perdidas o no saben cómo son ni lo que quieren en la vida.

[8] Las esperanzas de que esto se erradique constituyen hoy día una utopía. Dicha asociación ha advertido que el número de personas crece paulatinamente, y que los recursos para frenarlo son casi imposibles.

Por último, *la adicción a no estar gorda* o la lucha por mantener un tipo adecuado, en una sociedad en la que la delgadez es «más que fundamental». De lo anterior se deriva el síndrome de la *anorexia/bulimia*: negarse a comer, tomar laxantes e incluso provocarse el vómito con el fin de mantener la figura esbelta...; de vez en cuando, la *bulimia* o la pasión incontrolada por la gran comilona, que se acompaña de una reacción de llanto y el vómito de todo lo ingerido.

Estas y otras adicciones representan *las cadenas del hedonismo y de la permisividad* a las que se siente atado el hombre actual. Cuando no hay referentes morales, por mucho que a eso le llamemos libertad, nuestra vida en poco tiempo se hará víctima de estos dos aspectos.

VII. El síndrome del mando a distancia *(zapping)*

LA TELEVISIÓN COMO ALIMENTO INTELECTUAL

Hoy la televisión lo llena todo. Hace tan sólo veinte o veinticinco años, la vida era diferente sin ella. El hombre actual pasa demasiado tiempo delante de la televisión. ¿Por qué? La respuesta no puede darse de una forma simplista, ya que el asunto es complejo y tiene diferentes lecturas, y más aún con la llegada de los vídeos. *La televisión provoca el mismo fenómeno que el de la droga: crea adicción.* Es la conducta repetitiva que se va haciendo hábito y de la cual es muy difícil sustraerse; tanto, que las personas con escasos recursos intelectuales, o poca curiosidad por llenar su ocio con una afición o un *hobby* bien definido, quedan atrapadas en esta malla una y otra vez. Entonces podemos afirmar, sin temor a equivocarnos, que *la televisión es casi todo su alimento intelectual.* De ahí se derivará un hombre escasamente culto, pasivo, entregado siempre a lo más fácil: apretar un botón y dejarse caer, porque todo se reduce a pasto para sus ojos.

Pensemos lo que sucede en muchos países con las películas del fin de semana: se pasa de un argumento amoroso a otro policiaco, luego a una de humor... porque al no existir límites de emisión, siempre hay algo que ver en la pequeña pantalla.

En este marco no demasiado positivo —dado que la televisión pocas veces es educativa—, aparece un fenómeno nuevo: *la posibilidad de entretenerse cambiando de canal sucesivamente. Esta segunda adicción televisiva* puede llegar a ser más fuerte que la primera. Un paciente mío, buen practicador de esta técnica, me comentaba hace poco tiempo: «Yo lo hago para relajarme y después coger mejor el sueño... Normalmente no me quedo viendo ningún canal en concreto, porque la verdad es que no me interesa casi nada.» Esta filosofía pone sobre el tapete algo notable: al telespectador de *zapping* le interesa todo y nada a la vez; lo que quiere es pasar el rato sin más complicaciones, exactamente igual que la mujer adicta a las *revistas del corazón,* como aquella señora ya madura que me decía: «¡Ay!, si yo en vez de haberme tragado tantas revistas del corazón hubiera estudiado una carrera o hubiera leído libros buenos, que me hicieran una persona más culta... Pero las leemos todas y de lo que hablamos es de eso.» Sin comentarios.

¿Por qué se produce esto?, ¿cuáles son sus principales claves? Creo que podrían resumirse en los siguientes puntos:

1. Representa *una nueva forma de consumo.* La avidez de sensaciones e imágenes se intenta saciar con el telemando, con el fin de ver qué se está dando en ese momento en cada cadena. Se pasa así de una película a un debate, de un concurso a una retransmisión deportiva, etc.

2. Significa un *interés por todo y por nada,* lo cual traduce una clara *insatisfacción* de fondo. Se busca algo que sea capaz de detener ese cambio frenético, pero generalmente no se encuentra. Si rastreamos más profundamente qué es lo que en realidad siente el sujeto del *zapping,* encontramos el deseo de abarcarlo todo, de que nada se le escape, de *poseer todo al mismo tiempo.* A esto llaman los americanos *picture in picture,* una imagen dentro de otra. No hay que olvidar que en EE. UU. es una costumbre perfectamente asumida, pues desde los años setenta la tecnología ha facilitado esta posibilidad. El mando a distancia llega a España hacia 1975 y se populariza hacia 1988-89, aproximadamente. La experiencia deja un trasfondo, mezcla de codicia y descontento a la vez. El hombre, al no quedar saciado, pasa y repasa los canales una y otra vez por ver si aparece algo nuevo que sea capaz de suscitar su interés.

3. Se produce una *bulimia de novedades* en tanto que se desea una inmersión exploratoria en variedades y mudanzas, buscando no se sabe exactamente qué, zambulléndose en un juego caleidoscópico de impresiones fugaces que no dejan prácticamente ninguna huella. Por debajo de este oleaje discurre *una actitud de dispersión*: muchas imágenes y poca consistencia, exceso de información y escasa posibilidad de hacer síntesis de lo que llega permanentemente; fuga, huida, carencia de un centro de gravedad personal que dirija toda la conducta. Esta diseminación apunta el tono *vaporoso y caótico* del que lo practica.

4. El mando a distancia tiene un *efecto sedante.* Muchas personas lo utilizan a última hora del día, ya cansados del trabajo de la jornada. Representa una especie de droga que

ayuda a conciliar el sueño. Tras diez o veinte minutos practicando esta actividad, suele asomar un plácido sueño que conduce al descanso. Puede que para entonces la persona se haya quedado enganchada a algún canal, pero ya da igual, puesto que la capacidad de captación es mínima a esa hora del día.

5. La televisión cumple la ley del mínimo esfuerzo: basta dejarse caer en un cómodo sillón, apretar el mando y nada más. No hay que poner el menor acto de voluntad. Pero el *zapping* es ya la carta magna del *super-mínimo esfuerzo*: se trata de pasar-el-rato, de estar distraído, de consumir minutos sin más pretensiones. Es la *evasión* a través del mundo de la fantasía de las imágenes que van entrando por los ojos y llegan a la cabeza, pero sin archivarse, dada su rápida sucesión y su falta de conexión.

PSICOLOGÍA DEL *ZAPPING*

El mando a distancia se convierte en el chupete del adulto. ¡Ay, si no se encuentra puede ser terrible! Está claro que la incomodidad de tener que levantarse una y otra vez para cambiar de canal hace descender de forma considerable el número de adictos al *zapping*, palabra de procedencia anglosajona que significa golpear, disparar rápidamente.

En los últimos años, este nuevo fenómeno sociológico ha sido estudiado estadísticamente y es más frecuente en el hombre que en la mujer. La interpretación, al parecer, de este dato podría ser que la mujer se detiene más en lo que ve, porque si pasa muchas horas en su casa quiere aprender todo aquello que pueda enriquecerla. En cambio, el hombre es más crítico y casi nada le satisface realmente; utiliza el *zapping* para relajarse, para olvidarse de sus tensiones y problemas de trabajo.

Cuando este síndrome se hace crónico e invencible, nos hallamos ante la venganza del telespectador por la pésima programación que hoy, con la llegada de los canales privados, nos ha traído la denominada *televisión basura*: brutalidad descarnada, películas, series y culebrones pobres, amorales, de ínfima calidad; debates con invitados de opiniones tan diametralmente opuestas que el espectador termina más confuso que al principio de los mismos; y qué decir de los concursos triviales, insustanciales, que dan la espalda a cualquier consideración mínimamente cultural.

Hoy, el telespectador se ha endurecido y ya no le impactan los anuncios, con los que empieza a descubrir eso que, en psicología moderna, se denomina el *lenguaje subliminal*: un discurso enmascarado que se cuela por debajo del *spot* publicitario. Hace quince años la televisión era un medio mágico; hoy ha perdido credibilidad y, salvo en personas que se lo tragan todo, empieza a aflorar un espíritu crítico muy positivo, que conduce a apagarla con más frecuencia, antes de verse uno manipulado y cosificado.

Los expertos no han encontrado todavía el modo de evitar las fugas de audiencia. La televisión, que nació como una revolución excelente y de gran porvenir para el mundo de las comunicaciones, ha ido cayendo en los últimos años de forma escandalosa. Por lo general, ver mucha televisión produce seres humanos robotizados, pasivos, acríticos y, lo que es más grave, sin inquietudes culturales.

A lo largo de las páginas de este libro hemos ido hablando de la *cultura individualista* que se está viviendo hoy: frente al concepto de familia, el de individuo; el yo, opuesto al grupo; el placer en el otro extremo del amor auténtico. Reina el consumismo en lugar de la sobriedad; el estrés en lugar de la vida ordenada y armónica; las revistas del corazón, en lugar de los libros... Todo ello envuelto por la televisión, a través de la cual se adquiere muy poca cultura y, antes o después, asalta el vacío interior. Una nube deambula de acá para allá por el espacio abierto de la pantalla.

En los últimos años ha empezado a triunfar el *consumo psicológico,* encaminado a cultivar cada vez más el narcisismo, los horóscopos, la quiromancia, la opinión del psiquiatra o del psicoanalista... Cada uno quiere saber cómo es la geometría de su personalidad, pero ello no suele acompañarse de un deseo de cambio, es decir, conocerse mejor para rectificar, cambiar el rumbo y corregir errores de conducta. Es una nueva bulimia: yoga, meditación, zen, terapias de grupos, expresión corporal... como reafirmación de determinadas posturas y satisfacción personal. Es lo que Lasch [1] denomina «*terapias psi*», que suelen estar más o menos teñidas de filosofías orientales. Frente al *hombre pentadimensional* de Spranger, el *homus psicologicus* que busca la liberación [2] y que trabaja por la independencia y

[1] En una línea parecida se presenta Daniel Bell cuando postula dos nuevos principios solidarios: la idolatría del yo y la rebelión contra todos los estilos reinantes de vida.

[2] Palabra ya casi mágica desde la segunda mitad del siglo XX, también de cuño freudiano. La tarea interminable de liberación de uno mismo, de

autonomía de su yo, rector camuflado de su comportamiento.

El aburrimiento es consecuencia de un exceso de información que al final distrae pero que, estudiado con objetividad durante un cierto tiempo, no aporta gran cosa al hombre. Todo lo más, consigue una plétora de noticias dispersas cuyo argumento es la actualidad. Por otro lado, en la sociedad actual, la televisión tiene «el encargo» de divertir, de que la gente lo pase bien y se olvide de sus problemas; ése es su lema, salvo honrosas excepciones, y para eso pone en funcionamiento un exceso de reclamos y animaciones sin cuento que pretenden captar la atención como sea. El culto al deseo inmediato, junto a la ausencia de inquietudes culturales verdaderas, provoca la pérdida del centro de gravedad de las jerarquías humanas. Es igual un programa de televisión sobre pájaros tropicales que otro sobre el tráfico de drogas, el mundo de los marginados o un debate social en que *se busca la verdad por consenso.* Al final, llega el aburrimiento, no por falta de contenidos, sino por sobredosis antitética de casi todo. ¿Quién hará la síntesis?... ¿Y para qué?... si a fin de cuentas lo que vale es lo que a uno le parece, ya que no hay que someterse ni sujetarse a ninguna disciplina.

espaldas a una espiritualidad milenaria, es otro de los caminos errados de nuestros días. Proceso de personalización sin fin, tarea milimétrica de tallar las zonas opacas de la personalidad, a ver si se alcanza la cima de una personalidad sin aristas.

Estos movimientos modernos de liberación, que van desde las diversas drogas a lo sexual, resultan las más de las veces ambiguos, ya que frente a promesas de libertad, lo que se encuentra al final de ese camino son nuevas amenazas y servidumbres. El ejemplo político del comunismo lo expresaría referido al campo de las ideas.

El telespectador está cautivado por todo y por nada, excitado e indiferente, diseminado en una opción banal que recorre la pantalla sobresaturada de momentos puntuales. Parece que en tales situaciones se puede decir «lo quiero todo: ya y ahora», como un niño pequeño cuando su padre le hace escoger algún regalo. El sujeto queda zombi, bloqueado por un aluvión de cosas que le alienan mientras le distraen y relajan de sus actividades profesionales.

Nunca como en la actualidad se han preocupado tanto los medios de comunicación de los mecanismos intrínsecos de la personalidad. Esa curiosidad no brota de la pretensión de hacer más sólida tal estructura o instancia de la conducta, sino que se origina de su caída. Un ejemplo de lo que vengo diciendo lo encontramos en los debates televisivos. La mayoría de las veces, el telespectador sale peor del programa que antes de la polémica. ¿Por qué? Porque los participantes suelen tener posturas diametralmente opuestas y la discusión —salvo excepciones— se caracteriza por las descalificaciones, por no dejar hablar al otro o por dar cifras estadísticas sin que se sepa cómo se ha realizado ese muestreo y qué fin persigue. Por tanto, uno encuentra a *un hombre insatisfecho* que, dada su formación intelectual medianamente sólida, termina por *perder sus referencias* ante las contradicciones y los diversos puntos de vista que ve reflejados en los contertulios. Ese vértigo de posturas encontradas actúa como disolvente de cualquier trascendencia; ese gueto de mensajes irreconciliables deja a la persona informada pero no formada, sin criterios, suspendida en la interrogación de eslóganes y tópicos que no sabe combatir, ya que para ello es necesario tener más cultura, algo que se consigue a través de la lectura reposada y atenta de los grandes libros y autores que han sabido dar respuesta a las cuestiones esenciales de la existencia.

Así pues, *el hombre pegado a la televisión es un ser desmantelado de cultura, que se mueve por la baliza de la indiferencia producida por la saturación de antagonismos.* Ver la televisión sin espíritu crítico es caer en una jungla de manipulaciones que lleva a un narcisismo febril. El hombre, entonces, se torna frágil, individualista, incapaz de renunciar a nada.

RELATIVISMO VISUAL

Para analizar el fenómeno del *zapping* hay que tener en cuenta más ángulos que los ya apuntados; por ejemplo, la *obsesión por no renunciar a nada,* una especie de temor a perderse algo interesante o actual. *En realidad no se busca nada en especial, sino que se juega a no renunciar;* no hay opción ni se elige nada específico. El sujeto deambula por la oferta elástica de posibilidades; está en todo y en nada, dando lugar a una forma de libertad no descrita hasta ahora: *la libertad de verlo todo pero escapando fugazmente de cualquier detención.* Es una síntesis entre la dispersión y la evasión de uno mismo y de su entorno.

Después de haber comentado el *relativismo ideológico del hombre light* es preciso hablar del *relativismo visual,* según el cual todo es criticable y, si lo analizamos con detalle, nada merece la pena o todo la merece, dependiendo del punto de vista; el consumidor de *zapping* comulga con todo y no se identifica con nada, lo que representa la *entronización del individualismo más atroz.* El hombre se convierte en un absoluto para sí mismo y, de este modo, se absuelve de cualquier reproche moral; es como una *ilusión sin argumento,* un castillo de fuegos artificiales que brilla con esplendor para apagarse pronto y caer nuevamente en la penumbra.

Utilizando una expresión jurídica, se puede decir que el *zapping* equivale al *lucro cesante:* aquello que se pierde cuando se deja de hacer algo (por ejemplo, tener un piso y no alquilarlo).

En conclusión, podemos afirmar que, *el límite del relativismo tiene que venir impuesto por la existencia de algo absoluto,* objetivo y punto de encuentro de la condición humana. Lo absoluto no puede ser objeto de una opción ni someterse a un estudio estadístico por el que se alcanza la *verdad porque lo dice la mayoría.* Hay que buscar la *verdad universal,* aquella que está por encima de las ideas personales o las preferencias particulares. Si no es así, caemos en una *verdad a la carta* que uno encarga según sus gustos u opiniones. Lo absoluto gira y se compone de valores milenarios e invariables, como esas estrellas fijas que iluminan nuestro caminar nocturno.

VIII. La vida light

LA PALABRA *LIGHT*

Light es la palabra mágica que hoy está de moda y con la que se trata de vender una serie de productos de menor valor energético para conseguir una línea esbelta, como por ejemplo la coca-cola sin cafeína, la cerveza sin alcohol, el tabaco sin nicotina, la sacarina o el queso sin grasa, entre otros. Su proliferación tuvo lugar hacia los años ochenta en EE. UU. con la práctica del *jogging* y del ejercicio en los gimnasios; después llegó a Europa y se extendió por todo el mundo.

La aparición de estos productos cada día es mayor y hoy contamos con leches desnatadas, mermeladas con poco azúcar, pan, cremas sin nata, refrescos, mayonesas, aceites, etc.

Lo light *lleva implícito un verdadero mensaje: todo es ligero, suave, descafeinado, liviano, aéreo, débil y todo tiene un bajo contenido calórico*; podríamos decir que estamos ante el retrato de un nuevo tipo humano cuyo lema es tomarlo todo sin calorías. Estos alimentos son especiales para el ejecutivo de nuestros días, que, con frecuencia, come fuera de casa, sin orden, y que a la larga aumenta de peso y

* coca-cola sin cafeina o coca-cola sin cocaína?

tiene un exceso de colesterol (nombre ya mágico también para los consumidores) y de triglicéridos.

La sociedad occidental actual, en una cierta mayoría, ha perdido el rumbo y ahora ya no hay grandes debates sobre las más relevantes encrucijadas de la existencia como la muerte, el sufrimiento, la angustia, la injusticia... Un ejemplo de ello es la polémica que se desató hace unos años por el tema del ciclamato, cuando se prohibió su consumo y se generalizó el de la sacarina; otro es el de las campañas napoleónicas contra los fumadores.

A propósito de esto último, recuerdo que hace muy poco, en un viaje a Londres, me colé fumando en pipa a la zona de no fumadores de la sala de espera del aeropuerto; el encargado, enfadadísimo, vino a decirme que había traspasado unos metros la zona no permitida.

La palabra *light,* en principio, tiene una connotación positiva con respecto a la alimentación, pero mi tesis es que hoy constituye un término emblemático de los tiempos que corren, y que nos refleja claramente un modelo de vida bastante pobre. La vida *light* se caracteriza porque todo está descalorizado, carece de interés y la esencia de las cosas ya no importa, sólo lo superficial es cálido.

INDIFERENCIA POR SATURACIÓN

En Occidente a esto podemos denominarlo *indiferencia por saturación.* Hay de todo en exceso, y el *hombre indiferente* no se aferra a nada, *no tiene verdades absolutas ni creencias firmes,* y sólo quiere toneladas de información, aunque no sepa para qué; deserta de cualquier compromiso, menos del que tiene consigo mismo, y así se convierte en un ser megalómano.

Estamos ante una *vida-cóctel-devaluada*: una mezcla de verdades oscilantes, una conducta centrada en pasarlo bien y consumir, en interesarse por todo y, a la vez, no comprometerse en nada. Todo se puede acomodar, todo es transitorio, pasajero, relativo, inconcreto, y hasta la democracia, la vida conyugal o de pareja se vuelven *light*. El lema es *no exigir demasiado* y alcanzar una *tolerancia absoluta*. Ya no hay retos, ni metas heroicas ni grandes ideales, porque lo importante es pasarlo bien, sin esfuerzos ni luchas contra uno mismo, y cualquier resultado es bueno.

La vida es el triunfo de los *mass-media*, según apunta Guy Debord en su libro *Comentarios sobre la sociedad del espectáculo*.

La discusión actual está vacía, los medios de comunicación se prestan a darnos noticias e informaciones que *no dicen nada*.

Es una tarea ímproba para no aportar nada, para seguir en la línea de diversión de esta sociedad frágil, cogida por hilos demasiado finos, siempre a punto de romperse. Un ejemplo reciente es la oleada racial en EE. UU., sobre todo en Los Ángeles, con motivo de la agresión de un negro por varios policías blancos.

Hay dos notas descriptivas que envuelven este clima:

1. La *apabullante frivolidad* por la que todo se convierte en epidérmico, superficial, tópico; lo importante es seducir, provocar y ser divertido. La conse-

cuencia de esto es una mediocridad pública, una especie de *socialización de la trivialidad y de lo mediocre.*

2. El *ascenso del egoísmo humano* hasta cotas demasiado altas, que constituye uno de los males de nuestro tiempo: la insolidaridad, el preocuparse sólo de uno mismo, porque cuando se trata de dos personas surgen demasiados problemas. Como ejemplo de lo anterior tenemos la inestabilidad conyugal de los últimos tiempos. ¿Cómo puede ser esto tan complicado? La respuesta reside en la ausencia de grandes ideales y en la caída de los valores humanos.

En fin, nos encontramos ante una sociedad cada vez más complicada y difícil de esquematizar en unos cuantos rasgos, ya que surge un tropel de nuevos envites inesperados y caleidoscópicos que configuran un paisaje variopinto con singularidades muy especiales, en el que no existen límites entre lo bueno y lo malo, lo positivo y lo negativo.

En una ocasión leí en una revista especializada de psiquiatría (*American Journal of Psychiatry*, febrero de 1991) que el índice de suicidios, sobre todo en Europa occidental, sigue ascendiendo. Incluso se debate la idea del doctor Kevorkian sobre la *máquina de la muerte.* Y también el inventario que el doctor Derek Humphry nos muestra en su libro *La salida final* (o *Manual para suicidarse*), sobre las formas y los estilos de suicidios. Ambos hechos son comprensibles dada la futilidad en la que ha entrado gran parte de la humanidad opulenta de Occidente.

Por otra parte, esto contrasta con una observación que me parece importante: *hoy se vive* en buena medida *de espaldas a la muerte,* como si no existiera. Y cambian los contenidos, ya que ahora existe el *tabú de la muerte,* junto a una exaltación *de lo erótico y lo sexual.* Estamos en la *era de la indiferencia,* es decir, si la vida estorba, se arranca, y como no podemos hacer lo mismo con la muerte, la borramos psicológicamente de los temas a tratar. No es la autodestrucción lo que late aquí, sino una *enfermedad de la mayoría*: la banalización de la existencia y el hastío del ser humano, que oscilan entre la teatralidad de los medios de comunicación y una apatía generada por la tibieza, el escepticismo y la ambigüedad.

Tenemos así un hombre *demasiado vulnerable,* en el que existe un cansancio por vivir, no como consecuencia de un agotamiento real por hacer muchas tareas, sino por falta de una proyección personal coherente y atractiva que tenga la suficiente garra como para arrastrarle hacia el futuro. Además, si atravesamos este «desierto» que he descrito sin ningún apoyo trascendente, es más desolador todavía. Por tanto, el narcisismo, la búsqueda personal constante y la obsesión por el hedonismo inmediato hacen al hombre indefenso y propenso a hundirse en cualquier momento. Por otra parte, las actividades habituales se vuelven cada vez más difíciles: la educación de los hijos, mantener un matrimonio estable, saber transmitir un orden y una disciplina al educar, ejercer la autoridad, engordar (¡Ay, el drama de unos kilos de más para la mujer actual!), irse de vacaciones, etc.

¿Qué hacer? Hay que luchar por vencer la *vida light*, porque ésta conduce a una existencia vacua; y volver a recuperar el sentido auténtico del *amor a la verdad* y de la *pasión por la libertad auténtica*. Ambas son empresas difíciles que, cuando se consiguen, llenan, dan plenitud, y uno se siente distinto cuando le invaden. La solución no podrá ser nunca degradarlas y someterlas a nuestro capricho sin esfuerzo ni responsabilidad. Esto a lo que aludimos es similar a la psicología del alpinista: al escalar hay un duro trabajo hasta llegar a la cumbre, pero merece la pena. Porque si la vida se concibe como algo dulzón, blando o simplemente desde un punto de vista absolutamente placentero, cometemos un error, pues ni eso es la vida ni se puede interpretar así.

UNA SOCIEDAD INDIFERENTE

Se puede decir, llegados a este punto de nuestro recorrido, que el *hombre* light *es sumamente vulnerable*. Al principio tiene un cierto atractivo, es chispeante y divertido, pero después ofrece su auténtica imagen; es decir, un ser vacío, hedonista, materialista, sin ideales, evasivo y contradictorio [1].

[1] Aquello que en principio fomenta, más tarde lo critica cuando lo ve hecho realidad. Por otra parte, justifica que el progreso científico y técnico no guarda relación con el humano; consagra libertades y derechos para tolerar a la vuelta de la esquina que se conculquen; presume de estar al día y se somete a una intoxicación pseudoinformativa de revistas de prensa, que se han ido escorando hacia el plano frívolo de las vidas sentimentales.

El novelista Peter Handke, en su obra *La mujer zurda*, relata algo que es bastante verosímil en la actualidad y parecido a lo que hemos referido: una mujer casada pide a su marido que la deje sola durante una temporada porque necesita estar sola, pero no para analizar su situación afectiva o pensar en el futuro desde su pasado.

No es así, sino que se trata de una *soledad indiferente,* extraña, rara, que todos los personajes de esta obra sienten. No es la soledad de los héroes, ni la de Marcela, la pastora indómita de Cervantes, ni tampoco la que describe Charles Baudelaire con su *spleen.* Es una soledad que carece de dimensiones profundas.

La soledad y la comunicación interior suelen formar una estructura que en el *hombre light* no se da y en la que hay banalidad, porque no se interroga nada trascendente que le obligue a replantearse la existencia de otro modo. Es una soledad sin rebelión personal y sin análisis. Por otra parte, la relación con el otro está muy resquebrajada. Pensemos en el ejemplo de la cantidad de personas separadas que viven casadas con el trabajo y con unas relaciones afectivas muy débiles, en las que existe más sexo que afecto. En mi experiencia clínica en los casos de separación, he escuchado muchas veces la frase «Que me dejen solo una temporada», y la impresión inmediata de esa petición es buena, pero en el personaje *light* todo es «apariencia de», y cuando se desea cambiar, hay escasos argumentos y poco deseo de reforma personal.

El hombre light *se parece al hombre esquizoide*: tiene una doble vida, sin relación entre la profesional y la humana, por lo que esta dicotomía deja entrever su incoherencia.

Otra cuestión importante es la vuelta de una palabra mágica que se repite con insistencia: la *ética*. Pero ésta no es contemplada desde las grandes leyendas del ser humano como, por ejemplo, el mito de Sísifo, el de Fausto, el de Prometeo encadenado o el de la *ambrosía*, sino suspendida del mito de Narciso, es decir, por el *narcisismo* y el *subjetivismo*.

1. Por el narcisismo, vemos a un ser humano centrado en sí mismo, en su personalidad y en su cuerpo, con un individualismo atroz, desprovisto de valores morales y sociales, y además desinteresado por cualquier cuestión trascendente.
2. Por el subjetivismo, oteamos la caída en un perspectivismo que diluye cualquier solidez y en el que nada es válido salvo esas cuatro notas apuntadas como un *ritornello* a lo largo de estas páginas: *hedonismo-consumismo-permisividad-relativismo. Woody Allen es el personaje prototipo que resume lo anteriormente explicado*. El escritor americano Christopher Lasch, en su libro *The culture of narcisism*, lo expone así: «Cuidar la salud, desprenderse de los complejos, esperar las vacaciones: vivir sin ideal y sin objetivos trascendentes.»

LITERATURA *LIGHT*

También en el campo de las lecturas nos encontramos con lo *light*. En el hombre de ciertas inquietudes nos hallamos ante la *literatura kleenex*, es decir, literatura rápida para lectores fáciles. Un ejemplo lo constituyen *las revistas del corazón* o, como yo prefiero llamarlas, *los tebeos de los adultos*. Ambos tienen raíces similares, aunque su análisis ha de hacerse por separado [2].

Siempre ha existido una diferencia entre la literatura culta y la popular. Asimismo ha sucedido con los libros de pensamiento, en todos sus tipos posibles, al ser mucho más densos, son más selectivos y minoritarios. Es evidente que no es lo mismo leer ese gran libro de Sigmund Freud *El malestar de la cultura* o *Ensayos sobre la vida sexual* o *La teoría de la neurosis* que *El ser y el tiempo* de Martin Heidegger. Estos dos autores son importantes, pero mientras el primero interesa a casi todo el mundo, el segundo queda muy circunscrito a lectores muy determinados y que conocen ya ese lenguaje técnico o de rigor científico. En estos casos el uso del término *técnico* excluye a muchos. Por ejemplo, con respecto a la psicología y la psiquiatría de nuestros días, son muchos los que se acercan a ella buscando conocerse mejor a sí mismos. Así, en los libros de bolsillo, que con cierta calidad y difusión, si se obvian los tecnicismos o se aclaran lo suficiente consiguen saltar esa barrera y amplían su radio de lectores.

Los libros *light* son como los *kleenex*: usar y tirar. Las editoriales que los publican casi no cuentan con ellos cuando ha transcurrido algo más de un año. En su fondo editorial desaparecen como estrellas fugaces sin dejar el más mínimo rastro. *Literatura de consumo rápido, sin casi nada denso que merezca realmente la pena si no es combatir el*

[2] Véase el capítulo IX del presente libro: «Revistas del corazón.»

aburrimiento de una tarde de vacaciones. Lo más frecuente es que una persona conocida haga un libro vendiendo su imagen: se trata de fabricar un producto ciertamente artificial, pasajero desde su concepción. Ahí hay que encuadrar también los *best-sellers,* ya que su significado psicológico hay que buscarlo en lo siguiente: hay que leer lo que lee la mayoría; así, al mes, uno habla de lo que está en la calle y está de moda. *Es una forma light de estar al día,* que también es aplicable a las revistas del corazón. Todos hablan de lo mismo, el mundo se hace pequeño, los temas son cercanos, las conversaciones son unidireccionales.

No obstante, de vez en cuando se produce el *fenómeno Umberto Eco*: todo el mundo ha comprado *El nombre de la rosa,* muchos han empezado a leerlo y muy pocos han llegado al final del mismo. El libro es denso, muy ilustrado, erudito, con sabor enciclopédico, de difícil lectura, aunque, por supuesto, muy interesante. Pero había que tenerlo y hablar de él, porque no podemos quedarnos al margen de la mayoría. Algo parecido sucedió hace algunos años con el excelente libro de Milan Kundera *La insoportable levedad del ser,* aunque éste era mucho más accesible.

Otra observación interesante es señalar también que a cualquier libro se le denomina ensayo. Este término se ha convertido en un cajón de sastre donde va a parar todo lo que no es ficción: una monografía universitaria, un libro para ser feliz o un título divertido escrito por un autor conocido, etc. *El lector busca lo ligero, lo suave, porque no tiene tiempo e inquietud por lo contrario.* No hay que olvidar tampoco la falta de hábito a la lectura y la concentración necesaria, que no se adquiere espontáneamente.

Otro aspecto de esta literatura es el comercial. Lo importante es que un libro se venda. Los escándalos financieros o los libros de denuncia, pero con trasfondo social, pueden tener tanto éxito como un recetario de cocina escrito por un gran cocinero o un manual para alcanzar la felicidad sin esfuerzo. La situación actual es grave, porque empieza a descuidarse la *educación intelectual:* curiosidad por los libros de siempre, los grandes autores, los temas eternos e imperecederos... Estamos sometidos a muchos mensajes publicitarios y nos llegan libros de grandes editoriales, que tienen sus *secciones light,* cuya única pretensión es *que el lector pase el rato con un libro en las manos.* Es un libro para un hombre sin cultura, con falta de criterios y que vive pegado a la televisión. Por tanto, un hombre así es presa fácil de cualquier encantador de feria que sepa articular bien el discurso.

Ante este fenómeno literario de nuestro tiempo nos sentimos incapaces de asumir ese legado cultural imponente, que tenemos al alcance de la mano y no lo aprovechamos, sin dejarnos impregnar de su riqueza y su sabiduría. Como psiquiatra, tengo que decir que una de mis mejores experiencias es leer un buen libro escuchando música clásica y levantando de vez en cuando la mirada para saborear la categoría de un buen escritor.

Sin embargo y volviendo a nuestro tema, un sistema editorial ferozmente comercial elude los grandes autores por falta de interés, tiempo y preparación del medio.

En los programas educativos y en el mundo de la publicidad no se incluyen la compra de libros ni el interés por la vida intelectual. Sólo se insiste en lo que está de moda:

ropa, música del momento y autores que se llevan, aunque todo esto sea trivial, ligero, inconsistente. Por eso no debe extrañarnos que no surja *un modelo humano más completo,* sí más actual, pero su destino es perecedero, pasajero e imperdurable. Actualmente hay una gran crisis editorial, dado el descenso de ventas, pero, entre otros motivos, también por la proliferación de los canales televisivos. No obstante, en EE. UU. muchas editoriales se salvan por los libros denominados *no ficción:* es una vuelta a textos de cierta envergadura, una vez pasada la oleada de *libros basura, kleenex* o tipo *light.*

Sin embargo, en países como Inglaterra, Alemania u Holanda siguen publicándose libros en esta línea; en otros mercados con más tradición cultural como Francia, los clásicos tienen su público, pero cada vez más selectivo, minoritario.

En España siempre he comentado que la asignatura pendiente es la culturización. Aun con la reforma televisiva y su programación más o menos uniforme, predominan los concursos en los cuales la pobreza cultural constituye el exponente más marcado, y cuando existe un programa de cierto nivel, hay otros factores que nos impiden verlo. El *boom* televisivo hizo estragos y ha cogido indefensos a muchos a la hora de elevar su nivel intelectual y cultural. Los libros con trasfondo e interesantes son los que más notan estas crisis, pues muchos dejan de editarse por falta de compradores, y quedan reducidos a los alumnos jóvenes que estudian la Historia de la Literatura española y universal, porque no tienen más remedio que conocer sus nombres y, tal vez, hacer un comentario de texto sobre alguna de estas obras.

UN NUEVO IDEAL: LA COMODIDAD

La sociedad actual lo trivializa todo y propugna la ley del mínimo esfuerzo y de la máxima comodidad. El itinerario ha sido gradual: hemos pasado del pensamiento sólido, del paradigma de Jean-Paul Sartre como baluarte del existencialismo, a un nihilismo descomunal. La vida ya no tiene los héroes pasados, lo que está de moda es sorprender a los demás con una vida refinada y descomprometida. Este tipo de *hombre light* no se entrega a nada, sólo se reserva para sí mismo y para su disfrute personal: gimnasia, *dietas lights,* sauna, cierto espiritualismo diluido de tradición oriental, incultura, muchos periódicos y revistas —mucha información, pero sin capacidad sintética y sin tiempo para madurar intelectual y personalmente—. Otro de los gustos actuales es hacerse varios seguros de vida para que todo esté bien atado: es la nueva atmósfera cálida y sin contenidos. *Un hombre así se va escorando hacia una progresiva debilidad*: indigencia; deseos caprichosos; exageración del ideal materialista; y esclavitud por la ambición y el hedonismo.

¿Cómo se puede entonces mantener un compromiso serio como el conyugal? De ahí surge el aluvión de rupturas conyugales en Occidente y se debe a la pérdida de valores y verdaderos *fines* y a la primacía de los *medios*[3]. Son modelos

[3] En mi libro *Remedios para el desamor* (Ediciones Temas de Hoy, Madrid, 1992, 11ª ed.) abordo este tema: ¿Qué está pasando, qué significa esta nueva epidemia de alcance mundial que está fabricando una nueva sociología de la familia? Está bien claro: se ha ido erigiendo un

de conducta fabricados en serie e inducidos por la moda. Estamos ante una sociedad que tiende a la masificación en cualquiera de sus ámbitos:

a) Acumulación de individuos donde sólo los singulares son capaces de *ser personas*.

b) Despersonalización alienante: un hombre sin la fuerza que dan los ideales, obsesionado y dirigido por los medios de comunicación.

c) Igualitarismo en decadencia.

d) Carencia de *un proyecto de vida*: lo que importa es tener, comprar más y consumir febrilmente.

Vivimos en una *sociedad triste, sin ilusión, distraída por cuestiones insustanciales*, en la que son necesarias mucha fuerza, tesón e ideas claras para salir de ahí. Pero no es fácil. La cotidianidad invita a seguir en ese carrusel. Hay que proyectar y ensayar un nuevo esquema para escapar de estas redes que hacen mucho ruido, pero que no satisfacen el corazón humano. *El hombre light no es feliz:* tiene una cierta dosis de bienestar, pero no puede saborear lo que es la felicidad, aunque sólo sea de forma esporádica; tiene placeres, pero sin la verdadera alegría, ya que está centrado

nuevo modelo humano vertebrado sobre el *hedonismo* y la *permisividad*, que fagocita cualquier tarea responsable y exigente; *al carecer de resortes morales*, lo deja incapacitado para mantener la vida conyugal.

En la última parte de este libro se proponen algunas soluciones psicológicas para salvar una pareja en crisis. Pero si no hay unos principios morales, será muy difícil que se produzca una verdadera recuperación de ambos, salvo que los dos tengan una calidad humana muy relevante.

en sí mismo, en una egolatría sutil en la que se encuentra atrapado [4].

Aquilino Polaino Lorente, en su libro *La agonía del hombre libertario*, establece la siguiente secuencia del consumista: «Hacer para tener; tener para consumir más; consumir más para aparentar una imagen mejor; disponer de una mejor imagen para hacer más.» Así entra en lo que este autor denomina el *síndrome de la cebolla:* como ésta, el hombre se disfraza en sus pertenencias, «acabando por identificarse con su ropaje, siendo imposible distinguir entre uno y otro».

También la *cultura light* está adulterada, es consumista fácil y materialista. Para demostrar esto no hay más que pensar en la serie televisiva *Dallas* o en los denominados

[4] A lo largo de este libro se establece una *dialéctica entre el hombre light y su contrario.* En este tramo de mi discurso, las vías de salida hay que buscarlas en *iniciar un proceso desmasificador,* poner en marcha *resortes para aspirar a la verdadera cultura* y *buscar la trascendencia* a través de una vida coherente con unos principios morales. Está claro que el papel del *sufrimiento personal* es decisivo, aunque cueste oírlo y entenderlo. *El sufrimiento escondido es la vía regia de aprendizaje y de mejora personal.* ¿Por qué? Porque mientras en la alegría festiva el hombre se zambulle en la vida y la goza —cosa normal y positiva—, sólo se volverá hacia los demás después de experiencias negativas singulares de las que no puede escapar.

Pero hay que hacer una advertencia: si ese sufrimiento no es aceptado de forma adecuada, en vez de madurarlo lo neurotiza, convirtiéndolo en alguien amargado. Su conformismo puede transformarse en positivo.

La forma de *vida light* supone la renuncia a una existencia densa, a una *credibilidad de vida* que hace que el hombre crezca y progrese en el humanismo y en los valores. En una palabra, a ser más digno, más hombre y luchar por elevarse por encima de la banalidad, el vacío y el relativismo axiológico devorador.

culebrones o *folletines*. De aquí deriva una *pseudocultura rosa* repleta de intrigas sentimentales, dramas humanos, relaciones afectivas caleidoscópicas, cada vez más inusitadas y sorprendentes: una verdadera *pornografía sentimental,* que desemboca en una igualdad de sentimientos pobres y en una inmadurez colectiva. Lo importante es que la vida afectiva brote espontáneamente como resultado de algo obligatorio. Es decir, se fomentan relaciones en las que el plano racional y los criterios lógico-racionales quedan al margen, y esto es muy grave. Estos programas televisivos se caracterizan por unas cuantas notas: los conflictos son elementales; contenidos amorales; y las situaciones, escasamente edificantes.

El resultado de todo esto es una actitud de indiferencia y debilidad ante el televisor. Todo está mezclado y, como fondo, una irresponsabilidad en el terreno afectivo que crea escuela: *drama, violencia, hiperrealismo y trivialidad.*

Para un psiquiatra que observa el fenómeno con cierta perspectiva de análisis, hay una conclusión inmediata: esa forma de presentar los temas afectivos y emocionales, además de ser superficial, tiende a hacerse contagiosa. Hay una tendencia hacia lo morboso, propio de una sociedad neurótica y bastante desequilibrada que Jean Baudrillard denomina desorden posmoderno [5] y que lleva a una confu-

[5] Jean Baudrillard, *La transparencia del mal. Ensayo sobre los fenómenos extremos,* Anagrama, Barcelona, 1991. Para él el problema de fondo es moral: ¿dónde está el mal y dónde el bien? De ahí salta la pregunta: ¿liberación de qué? Este autor aboga por la reducción del pensamiento filosófico en el que escepticismo, nihilismo y pesimismo son sus signos diagnósticos. El pronóstico lo pongo yo: es necesario cambiar de ruta y orientarse con dirección a los valores humanos.

sión de géneros: todo es estético, todo es político, todo sexual. En el arte desaparecen las reglas y los criterios, todas las tendencias viven juntas: nace el antiarte. Todo objeto es bello... puesto que nada es bello. En definitiva, *todo es relativo*, todo depende de muchas cosas que son variables. Por eso, lo mejor es navegar en todas las líneas y en ninguna al mismo tiempo.

IX. Revistas del corazón

INTERESA LA VIDA AJENA ROTA

Las revistas del corazón están de moda. Cada semana o cada dos nos ponen al corriente de los últimos acontecimientos sentimentales. La vida privada de los personajes famosos o autoridades públicas es puesta sobre el tapete y analizada al milímetro, y así sucesivamente. Da la impresión de que los muchos consumidores no se sacian de información de este tipo, quieren más.

¿Qué es lo que está pasando? ¿Por qué esta fiebre, esta pasión por conocer la vida de los personajes más famosos y después comentarla con detalle, traerla y llevarla de acá para allá? El fenómeno es complejo y ofrece muchas perspectivas. Trataré de profundizar en este tema y buscar las causas y motivos principales de esta moda social.

El hombre tiene dos segmentos esenciales en su vida: el público y el privado. Uno se ve con relativa claridad. El otro es interior y es lo que Miguel de Unamuno denominaba la *intrahistoria,* o Ludwig Binswanger la *historia vital interna;* en una palabra, la trayectoria personal subterránea, la verdad de uno mismo. La faceta pública es sometida actualmente a la inspección y al análisis de los «asesores de imagen»; éstos ofrecen y «venden» un tipo de hombre que saben que tiene garra para la vida política, social, económica, etc. Después están las revistas del corazón, que nos abren las puertas de la casa de los famosos o sujetos con un cierto prestigio, sea cual fuere el motivo. Uno entra en sus casas, ve a su familia, lo que hacen y lo que les sucede: saber si son distintos y cómo es su vida diaria; y si son iguales o diferentes a nosotros, si tienen algún secreto.

Esas personas son la actualidad. Tienen en ese momento concreto una fuerza que desplaza a otros acontecimientos y los sitúa en el punto de referencia de las miradas.

El personaje se fabrica, lo hacen los medios de comunicación. Si en las revistas del corazón se descubre la vida de la gente sana, normal, una persona cualquiera, eso no vende, no interesa. Sólo vende lo morboso, lo sensacionalista y lo trágico.

La primera pregunta que nos hacemos es: ¿Por qué este interés por curiosear en lo que sucede en esos personajes? Para mí la respuesta se divide en distintos motivos, pero como primera aproximación diría que *nada interesa más que la vida ajena,* o, dicho de otra forma, *la vida sigue siendo la gran cuestión.* Lo importante es saber de los otros, de su vida y, de alguna manera, compararla con la nuestra. Se produce así una especie de análisis comparativo en el que nos reflejamos en el espejo de los demás.

En estas revistas aparecen personas con las que parece que nos sentimos copartícipes, nos mezclamos e incluso nos llegan a parecer cercanas y familiares, como si de su intimidad se tratara. Comprobamos gozosamente que tienen las mismas pasiones, fracasos, dificultades, tristezas, reveses: también son humanos. De ese modo la gente se identifica con ellos, aprueba una conducta y repudia otra para acabar estableciendo un sistema de preferencias en esta o aquella historia.

Los consumidores asiduos de las revistas del corazón suelen negar en público que las leen, en especial los hombres, porque parece que descalifica leer esas historietas, que repiten siempre el mismo *ritornello*. ¿Cuál es el perfil de los adictos? Ante todo desean evadirse, porque la vida personal es lo suficientemente compleja como para sacudirnos del cansancio y agotamiento, por lo que huimos, aunque sólo sea un instante. Escapamos de los problemas: nos escabullimos, nos ausentamos, conseguimos momentáneamente salir de sus agobios.

REVISTAS DEL CORAZÓN: EVASIÓN Y PASAR EL RATO

Esta forma de evasión traduce un *cierto vacío de intereses*, ya que uno podría escoger otra: un buen libro, ver a un amigo o incentivarse con alguna nueva afición creativa. Pero no, casi siempre se elige ésta. Este vacío, en algunas ocasiones, descubre cierto *morbo*, un ligero regusto por contemplar la desgracia ajena, sobre todo si se trata de estos personajes descritos, por poder *comentar* el tema a fondo con otras personas también lectoras de este tipo de prensa: los comentarios, observaciones, críticas, sorpresas, versiones de hechos, interpretaciones y detalles. Todo se alinea en torno a esas conversaciones, tema central de muchos diálogos de cualquier parte, clase social o ambiente, en los que uno va dando su visión de la vida, hace acotaciones sobre aspectos primordiales de la existencia: el amor, los hijos, el tipo de vacaciones.

Hay morbo porque se da una recreación en la vida ajena, que está rota, partida, fragmentada. Después viene indagar qué hacer desde ahí, desde esa posición más o menos fracasada. Pero esto de tener ante nosotros errores, equivocaciones, tropiezos y naufragios de otros nos es útil para percibir un gozo difuso de sentirse igual o superior a ellos, sobre todo en una época en la que hemos querido acabar con las jerarquías sociales y éstas rebrotan solas, casi espontáneamente.

Además, uno tiene la impresión de codearse con las figuras mágicas del momento, y se exclama con frecuencia: «¡También a los famosos les suceden cosas!», con cierto consuelo.

La serie de preguntas como: ¿cómo va mi vida?, ¿estoy en buena línea?, ¿cómo va mi proyecto personal?, ¿qué nuevas ilusiones tengo a la vista?, ¿me esfuerzo por cambiar lo que no va bien, rectifico el rumbo?... brota de esta lectura subliminal soterrada, inconsciente y etérea.

Las personas con una vida más intensa, sobre todo en lo profesional e intelectual, no suelen zambullirse en estas lecturas. Ellos nos dirían: *esas revistas son para pasar el rato.* Y pasar el rato significa:

— Que no se tienen grandes inquietudes —culturales, intelectuales en sus diversos planos, etc. Recuerdan de algún modo a aquellos cuentos de hadas que leíamos de niños y que siempre acababan bien. Ahora son historias reales que, por lo general, terminan mal y asistimos a su reconstrucción o a su derribo.

— Que no se tienen grandes ideales, sino los que ofrece esta sociedad de finales del siglo XX: hedonismo y permisividad, por un lado, y consumismo y relativismo, por otro.

22-3-02

ROMANTICISMO *LIGHT*

Estas revistas ponen de relieve que estamos asistiendo a *una vuelta a un nuevo romanticismo,* aunque con distintos perfiles que en el siglo XIX. Interesa todo lo afectivo y sentimental, aunque servido de un modo diferente. Estas revistas no tienen casi texto y todo lo ocupan las fotos, con lo cual pueden verse las nuevas tendencias en la moda, el buen gusto o la falta de estilo de los personajes que salen en ellas. Por un lado, *el corazón sigue moviendo los hilos de la vida,* sigue contando a pesar de todo, y quizá sea éste el mensaje más positivo que nos comunican.

Siempre ha interesado lo que comúnmente denominamos el cotilleo. Las revistas del corazón constituyen la chismografía de siempre con los medios de hoy en día. No imponen ningún esfuerzo intelectual, ya que un 90 por ciento son fotos y el resto un mínimo texto o pies de fotos, que sustituyen a las antiguas viñetas de los tebeos; parecen los dibujos animados de los adultos. Existe un claro maniqueísmo ante el que debemos tomar posturas de identificación con uno u otro bando. Es casi como un juego: pasar el rato.

El hombre actual está descontento porque ha perdido la brújula, el rumbo, y se siente bastante vacío. Hemos ido fabricando un cierto tipo de hombre cada vez más débil, inconsistente, que flota en un constante sinsentido. Así pues, las revistas son como *un mecanismo de compensación,* a través de las cuales nos consolamos viendo las desgracias que les suceden a otros. Me decía una señora hace unos días: «Tendrá mucho dinero, pero no es feliz; fíjate qué vida tan trágica... es dramático.»

Éste es el típico dispositivo de nivelación o contrapeso.

Frente a esta *borrachera de trasiegos vitales* sugiero la vuelta a *un ocio más enriquecedor,* que dote de disfrute y de verdad nuestros ratos libres, porque estas revistas dañan sutil y soterradamente. Casi toda su información se basa en vidas partidas, con sus defectos, fallos y errores descritos al detalle. Y además con la apostilla de «No pasa nada, la vida es así», con lo que se crea un nuevo modelo de sociedad sin que ellos mismos lo sepan. Para estas publicaciones la *vida es una aventura incierta y zigzagueante en la cual casi todo está permitido, todo es posible porque lo sensacional es un ingrediente clave, que no debe faltar.*

Frente a la frivolidad estandarizada y al hombre prefabricado lo mejor es tener metas concretas: nobles, humanas, realistas y ambiciosas, y estar dispuesto a luchar por conseguirlas.

X. El cansancio de la vida

EL CANSANCIO PSICOLÓGICO, FENÓMENO DE NUESTRO TIEMPO

El *cansancio* es un fenómeno habitual de nuestro tiempo y constituye una constante del hombre de la gran ciudad, del ejecutivo, o de las personas sometidas a un trabajo intenso y con muy poco tiempo libre.

El *cansancio* se define como una *sensación de agotamiento* posterior a un esfuerzo de cierta envergadura. Y hay varias causas que lo motivan: trabajar, estudiar, ordenar papeles personales, el marido, la mujer, la política, etc. Ahora bien, cuando alguien dice que está *cansado de la vida,* es distinto, porque todo se presenta inconcreto, abstracto, amplio, difuso, desdibujado, sin una referencia clara y precisa.

Cuando estamos cansados, necesitamos hacer un alto, interrumpir la tarea que tengamos entre manos y reponer fuerzas para recomenzar más tarde con nuevos bríos. Si el cansancio es de un día, una semana o una temporada más larga, debemos planificar los días de descanso y llenarlos de calma y sosiego en función del agotamiento que suframos. El descanso debe combinar la inactividad, el cambio de ocupación y la pausa en la vida diaria.

En el cansancio de la vida, la fatiga no se refiere a nada concreto; alude a aspectos vagos e imprecisos. Concierne a *la vida como totalidad,* un concepto demasiado amplio. El análisis de ese estado de ánimo nos obliga a tres cosas:

1. Buscar su porqué (*etiología*).
2. Describir lo que el sujeto experimenta interiormente (*vivencia*).
3. Diseñar una fórmula para salir de ella (*terapéutica*).

Para comenzar trataremos el tema de *la vida* con unas coordenadas adecuadas.

¿Qué es la vida? Ortega decía en *Historia como sistema* que la *vida* es la *realidad radical,* en el sentido de que todas las demás cosas deben referirse a ella como un eje desde donde todo tiene sentido y unidad. Julián Marías, en su *Antropología metafísica,* nos dice que «el sentido primario de la vida no es biológico, sino biográfico, o mejor aún, trayectoria biográfica». Ferrater Mora enfoca el problema de otro modo cuando dice que nuestro anfitrión es la realidad, el mundo, lo que está fuera de cada uno y nos rodea. Así, en los últimos años se ha hablado mucho en la filosofía occidental de la vida humana, o simplemente de *la vida.*

La vida está constituida por un complejo grupo de ingredientes de todo tipo a los que cada hombre debe enfrentarse, por eso en una primera aproximación hablaremos de *mi vida,* como lo más primordial que tengo que hacer; *mi vida* es lo que soy, lo que hago, la situación en la que me encuentro, y el perímetro humano y cultural que me rodea. Si la filosofía es algo, debe guiar la vida de cada uno para orientarla lo mejor posible. Para resumir mejor esta cuestión y centrarnos en el punto que nos interesa, podemos decir que *la vida tiene dos vectores esenciales: personalidad y proyecto,* cuya base es biológica, la realidad corporal.

LA UNIDAD INTERNA DE LA VIDA

A lo largo de mi vida voy formando mi personalidad y realizando mi proyecto concreto. Por eso, decimos acertadamente «*hago mi vida*». Estoy ocupado haciendo mi vida, intentando sacar de ella el mejor partido, pero esa operación proyectada en un tiempo futuro debe tener *una unidad interna*: estar constituida por una estructura de carácter global, presidida por la coherencia de sus distintos elementos.

Pero volvamos a nuestro primer punto: la *etiología,* donde nos encontramos con causas —preferentemente físicas— y motivos —fenómenos psicológicos, sobre todo—. Entre ambos se teje un conjunto de factores que, unidos, dan como resultado ese peculiar estado de ánimo. El cansancio de la vida no es cualquier cosa, sino algo importante; no me puedo retirar de ella, ni olvidarme, sino que debo vivirla, anticiparla, andar por ella. Ésa es la peculiaridad de este cansancio.

Una de las cosas que más cansan es la *lucha permanente con los reveses, sinsabores y frustraciones* que cualquier vida implica, porque para hacer algo grande en ella hay que luchar mucho, y para salir adelante, quemar las naves. Por eso, la vida es milicia, como decía Séneca. ¡Qué fácil es derrumbarse, venirse abajo ante las adversidades! Y me refiero aquí a contratiempos serios, graves, no a invenciones imaginarias o a la dramatización de pequeñas dificultades. Es decisivo, en tales circunstancias, valorar adecuadamente los hechos negativos y positivos, para hacer un balance justo y ecuánime, porque muchas veces el derrotismo nos impide ver las cosas positivas que nos han sucedido y caemos en un error de perspectiva.

En segundo lugar, nos interesa describir cuál es la *vivencia* del sujeto cansado de la vida, ya que la sensación interior es muy profunda. En sus alveolos reside una mezcla de sentimientos displacenteros: la desidia, la apatía, el abandono, la impresión de hacerlo todo siempre con exceso de esfuerzo; y así todo se desliza hacia una cierta negligencia; la personalidad se tiñe de un regusto indolente, en el que *se alinean la pereza, el desaliento, el pesimismo, el desánimo, la melancolía y el sentimiento de impotencia con respecto a la vida.* Emerge lentamente una especie de agobio decepcionante combinado con la impresión de estar herido o roto por dentro. En el cansancio de la vida el sentimiento interior es de desilusión.

Ese hombre se vuelve débil, extenuado, lánguido, aplanado, como algo brumoso envuelto en una tonalidad gris; todo lo invade la *indiferencia* y la *desmoralización,* culminando en un estado que deja al sujeto a la deriva. Son momentos en los que *la vida está en peligro.* El gran tema que se plantea en el fondo de esta vivencia no es otro que *la amenaza del proyecto personal,* que ha ido cayendo en picado y corre el riesgo de naufragar. Es una *crisis psicológica que conduce a la pérdida de ilusión por los anhelos personales* y quizá también es un error de estrategia, que puede deberse a muy distintos motivos: exceso de actividades, sin tiempo para casi nada; lucha permanente contra la corriente, sin siquiera pequeñas gratificaciones; pérdida del sentido de los objetivos propios a causa de un ritmo vertiginoso de vida; el no saber decir «no» a demandas y exigencias que son imposibles de llevar a cabo; en una palabra: tener un tipo de vida con una tensión excesiva y constante, que requiere un esfuerzo superior a las propias fuerzas y que roza el agotamiento, en un *equilibrio inestable casi acrobático.*

Según hemos referido, el proyecto se diluye, se desdibuja y pierde sus contornos. Todo se torna borroso y poco claro, y *uno no entiende lo que pasa por estar siempre abrumado.* En consecuencia, no se sabe qué hacer con la vida y nos sentimos desfallecidos. Esta corriente despiadada y brutal parece que se lo llevará todo por delante; ese hombre empieza a no hacer pie, a perder el equilibrio y a hundirse. La evolución anímica va cambiando y ahora se ve llena de tedio, y saciedad, de un vacío terrible y descorazonador, que se vive como empalago de rutina y desinterés; en una palabra: *hastío*. Por ello, hay una expresión coloquial muy acertada que define lo que aquí sucede: *estar quemado,* que implica una serie de fracasos no digeridos, de tropiezos sin superar y de contrasentidos rotundos. Se anuncia el derrumbamiento de un hombre desanimado, que se siente impotente y está decepcionado.

¿Qué hacer? La mejor *terapia* consiste en tres operaciones complementarias:

1. *Replantearse la vida* en ese determinado momento, con toda la experiencia adquirida, para procurar no caer en los mismos errores; intentar *ver la propia vida desde el patio de butacas,* con objetividad, cueste lo que cueste.

2. *Poner orden,* porque es necesario establecer una jerarquía de valores y preferencias, con realismo y conociendo las limitaciones personales, no queriendo «tocar demasiadas teclas». También es necesario aprender a decir *«no»,* evitando así el desbordamiento. Esto hay que unirlo a dos notas interesantes: a) *renovar las ilusiones perdidas,* puesto que la felicidad, si consiste en algo, es en eso: tener ilusiones, esperar, anticipar cosas buenas; y b) además, *aprender a disfrutar de la vida,* desconectando de las mil cosas que trae consigo para un hombre lleno de ocupaciones.

3. Finalmente, aplicar una *voluntad firme* para llevar a cabo esos propósitos: determinación férrea, decisión esforzada y empeño inquebrantable.

XI. La ansiedad del hombre de hoy

LUCES Y SOMBRAS DE LA SOCIEDAD POSMODERNA

Estamos en la era psicológica. Al llegar a este tramo final del siglo XX podemos afirmar sin temor a la exageración que *el hombre se ha psicologizado.* Cualquier análisis de la realidad que se precie va a descansar en el fondo sobre elementos psicológicos. ¿Por qué? ¿Qué ha pasado para que se haya operado este cambio tan ostensible? ¿Cuáles podrían ser las claves que expliquen este fenómeno? No se puede dar una respuesta sencilla que resuma todo lo que está sucediendo. Son muchos los factores que han originado esta instalación en el campo de la psicología, este irnos a vivir a territorios psicológicos.

En mi libro *La ansiedad* abordo este y otros problemas parecidos; para responder a la pregunta que antes nos formulábamos, hay que observar las luces y sombras de nuestra época actual.

Lo positivo de nuestros días ilumina la realidad desde distintos ángulos. Por una parte, están los grandes avances conseguidos en los últimos años en la *ciencia*, así como la acelerada *tecnificación* que nos ha permitido metas hasta ahora insospechadas. La *revolución informática* nos simplifica el trabajo mediante la ordenación y procesamiento de datos. De otra parte, la denominada *revolución de las comunicaciones*: ya no hay distancias en el mundo; en pocas horas nos plantamos en el otro extremo de la Tierra. Esto era inimaginable hace tan sólo unos años. También hay que subrayar el despertar de muchas conciencias dormidas en planos esenciales de la vida: los *derechos humanos* han alcanzado cimas nuevas, así como la llegada de la *democracia* a una gran mayoría de países, que ahora viven en libertad. La *progresiva preocupación por la justicia social*, que está llevando a una mayor equidad y a la existencia de una clase media cada vez más sólida y estable. Está claro que en este recorrido nos referimos a los países libres, no a aquellos que están sometidos a la tiranía comunista, en donde el hombre es un tornillo de la maquinaria del Estado, oprimido y aplastado en sus libertades más elementales.

En esta línea positiva hay que destacar los altos niveles de *confort* y *bienestar*, que han cambiado la vida del ser humano de nuestros días, si lo comparamos con el de principios de siglo o si nos remontamos más atrás, a la última etapa del siglo XIX. Hoy los matrimonios jóvenes a los pocos años de vida conyugal viven como lo hacían sus padres casi al final de su vida. Ha cambiado el sentido del ahorro y la vida se ha orientado mejor: no esperar al último tramo de la vida para disfrutar de un cierto grado de comodidad y desahogo. *La cultura burguesa estuvo centrada en el aho-*

rro, la moderación, las costumbres puritanas y, apuntando siempre hacia el día de mañana. Hoy las cosas han cambiado. *La cultura posmodernista de nuestros días gira en torno al consumismo, el hedonismo, la permisividad y el culto por el instante transitorio.*

Otros hechos positivos son la *igualdad de oportunidades,* la facilidad progresiva para que *la cultura llegue a todos.* La *conciencia ecológica,* que demuestra una nueva sensibilidad por la Naturaleza, los espacios verdes y su posible degradación. La *nivelación hombre-mujer,* en el sentido de ir superando el enorme machismo existente en casi todos los países civilizados, así como el acceso de la mujer a todo tipo de actividades profesionales, hasta hace poco reservadas sólo al hombre. De aquí parte la ruta hacia un *feminismo bien entendido,* que conserva el papel de la feminidad, pero que insta a la mujer hacia un mejor despliegue de su proyecto personal. La nueva condición femenina va evitando la discriminación política, intelectual, profesional, artística, etc.

Pero en la cultura occidental actual, como hemos ido afirmando a lo largo del libro, hay *sombras* importantes. Algunas insospechadas, sorprendentes. Los *ismos* más importantes son los siguientes: el *materialismo,* el *hedonismo,* la *nueva ética hedonista* con varias notas muy particulares: el *consumismo,* la *permisividad, revolución sin finalidad y sin programa,* que declina hacia el *descompromiso... ¿Qué es lo que todavía puede sorprender y escandalizar?* Hay que ir por ello. ¿Quién da más? ¿Y por qué no?...

Falta un concepto: La elevación de la mujer a vértice supremo, o "centro de gravedad" del FUNDAMENTAL concepto de FAMILIA

Al mismo tiempo se ha ido produciendo una ingente *información,* minuciosa y prolija, que nos llega de aquí y de allá; pero *esa información no es formativa,* no construye, no edifica un hombre mejor, más rico interiormente, que apunta hacia el humanismo y los valores. Antes al contrario, va gestando un individuo frío, desconcertado, abrumado por tanta noticia negativa, incapaz de hacer la síntesis de todo lo que le llega. Se entra así en una forma especial de *masificación,* gregarismo: todos dicen lo mismo, los tópicos y lugares comunes se repiten de boca en boca. Se alcanza así una cima desoladora y terrible: *la socialización de la inmadurez,* que se va a definir por tres ingredientes: *desorientación* (no saber a qué atenerse, carecer de criterios firmes, flotar sin brújula, ir poco a poco a la deriva), *inversión de los valores* (como una nueva fórmula de vida, con esquemas descomprometidos) y un *gran vacío espiritual* pero que no comporta ni tragedia ni apocalipsis.

Así las cosas, *ya casi nadie cree en el futuro.* Se ha disuelto la confianza en el porvenir ante el espectáculo que tenemos delante. *Ya no hay casi heroísmos, ni entusiasmos en los que se arriesgue la vida.* Nos vemos frente a frente con un hombre cada vez más endeble, indiferente y permisivo, que navega sin rumbo, perdido el objetivo de mira y los grandes ideales.

La ansiedad va surgiendo en los recodos de este análisis. Si la ansiedad es algo concreto podemos definirla como *anticipación de lo peor.* En ella el presente está empapado de un futuro incierto, temeroso y cargado de malos presagios. Esto conduce a *estar en guardia*, en *estado de alerta*, al acecho con una atención expectante.

Sociedad decadente y opulenta, en donde todo invita al descompromiso. Pasión de sensaciones y muerte de los ideales. Esto va a conducir a una progresiva *incapacidad para el amor auténtico*, para la entrega a otra persona buscando su felicidad. *Apoteosis de la indiferencia pura* y, a la vez, del deseo de experimentar mil sensaciones variadas y excitantes, por si alguna nos diera la clave de la existencia. De aquí se van a derivar tres nuevas epidemias. Ya no observamos las antiguas epidemias de langostas o esos otros males que afectaron al hombre de siglos pasados.

¿Qué hacer ante la realidad que vivimos? No es fácil dar soluciones sencillas ante un panorama tan complejo. Hay que volver a un *humanismo coherente comprometido con los valores*. Esto hará que se recupere el *sentido de la vida*. Spengler publicó en 1917 su libro *La decadencia de Occidente*. Pienso que éste tiene una vigencia muy actual. Algunas de sus observaciones terapéuticas podemos tomarlas literalmente, cuando expone su teoría de *las cuatro edades de la cultura*: Oriente, la antigüedad clásica, el mundo árabe y Occidente. Este tratamiento apuntaría hacia una rehumanización de la sociedad, el no dejarse invadir de tantos esquemas publicitarios e informativos que terminan deformando al hombre, la búsqueda de un sentido trascendente y el ir edificando una cultura digna, que lleve a un crecimiento interior que haga más humano al hombre, que le llene de amor y libertad.

Rectificar el rumbo, cueste lo que cueste. Y recordando que *siempre hay buen viento para el que sabe a dónde va*.

XII. Psicología del fracaso

¿QUÉ SE SIENTE EN EL FRACASO?

Es frecuente hablar del éxito, del triunfo, de cómo alcanzarlo y de la psicología del que llega a esas cimas, pero pocas veces se estudia el fracaso y el valor de las derrotas.

El fracaso es necesario para la maduración de la personalidad. La vida humana está tejida de aciertos y errores, de cosas que han salido como se habían proyectado, y de otras que no han llegado a buen puerto. La existencia consiste en un juego de aprendizajes. Por lo general, se aprende más con los fracasos que con los éxitos o, por lo menos, tan importantes son los unos como los otros.

Pero, ¿a qué se le llama fracaso? Podemos definirlo del siguiente modo: es aquella experiencia interior de derrota, consecuencia de haber comprobado que algo en lo que habíamos puesto nuestro esfuerzo e ilusión, no ha salido como esperábamos. Es la conciencia de no haber cubierto la meta propuesta. La vivencia inmediata es negativa, está surcada por una mezcla de tristeza y desazón interior. ¿Qué características tiene el fracaso desde el punto de vista psicológico?

1. La nota inmediata es una cierta *reacción de hundimiento*. En ella se alinean una mezcla de melancolía, frustración y malestar interno muchas veces presidido por sensaciones indefinibles. Según la importancia del tema así será la altura, la anchura y la profundidad de los sentimientos que se convoquen. No obstante, hay que hacer una observación complementaria: en personas hipersusceptibles o con un bajo umbral a las frustraciones, cosas menudas, de escasa importancia, son vividas de forma exagerada. A esto se le llama dramatizar: que no es otra cosa que un mecanismo de defensa, por el cual se agranda cualquier contrariedad.

2. A continuación se produce lo que llamamos en la psicología moderna *respuesta cognitiva, que es una especie de análisis subterráneo que pretende desmenuzar el porqué de este resultado*. Nuestro cerebro funciona como un ordenador advertido de sí mismo. A él le llegan una serie de informaciones que es menester procesarlas de forma adecuada.

3. Aflora sobre la marcha una *cierta paralización*. Sorpresa, perplejidad, bloqueo, no saber qué hacer... Si el asunto es importante, uno suele estar acompañado por personas que ayudan a pasar la travesía de mejor manera. En tales casos, la frase oportuna, la capacidad para sobreponerse, el recibir argumentos sólidos o simplemente el sentirse acompañado, pueden ser los elementos esenciales de la ayuda.

4. No es lo mismo que se trate de un fracaso afectivo, que profesional o económico. El *termómetro de intensidades* dependerá en buena medida de los argumentos que cada uno tiene como fundamentales para su vida. Hasta

hace unos años, podíamos afirmar que la mujer era especialmente sensible a los fracasos afectivos, mientras que el hombre lo era para los profesionales. Hoy las cosas han cambiado. La incorporación a las profesiones liberales y los trabajos tradicionalmente masculinos han hecho girar las tornas. No obstante, estos dos ejes vertebran en sentido general dos grandes motivaciones: la afectiva y la profesional.

LA PATRIA DEL HOMBRE SON SUS ILUSIONES

La patria del hombre son sus ilusiones. La vida es siempre anticipación y porvenir. Somos proyectos. El hombre es, sobre todo, futuro. Ahí se engarzan los pequeños objetivos, las metas y tantos afanes como jalonan su recorrido. Y para que éstos salgan adelante, es necesario que sean concretos, bien delimitados, con unos perfiles nítidos, sin intentar abarcar demasiado. Después, manos a la obra. *La vida es como un bracear de uno mismo con la realidad.*

Pero hay que ser realista. ¡Cuántos propósitos y afanes no salen simplemente por falta de tiempo o por no haberlos perseguido con el suficiente esfuerzo! En el fracaso brota el desaliento. Abandonar la meta y darse por vencido. Como contrapartida aparece la fidelidad y el tesón, cueste lo que cueste. Es volver a las *pequeñas contabilidades*: al *haber* y *debe* seguido de cerca, pero con visión de futuro.

Me interesan los perdedores que han asumido su derrota y han sabido levantarse de ella. Es grande ver a un hombre crecerse ante el fracaso y que empieza de nuevo. *Llegará el día* —si insiste con tenacidad a pesar de todo— *en que esa persona se vaya haciendo fuerte, rocosa, recia, compacta, igual que una fortaleza amurallada.* Sabiendo que por encima de la tempestad que ensordece o del oleaje vibrante y amenazador, su rumbo está claro, sus ideas siguen siendo conseguir los puntos de mira iniciales.

Ahí se inician los hombres de vuelo superior. Que no son los que siempre vencen, sino los que saben levantarse, aquellos que tienen capacidad de reacción, sabiendo sacar pequeñas lecciones al filo de los acontecimientos menudos de la vida ordinaria. Dice el refrán castellano que nadie escarmienta en cabeza ajena; pero, a veces, ni en la propia. Se trata de abrir bien los ojos e ir adquiriendo ese saber acumulado que constituye la experiencia de la vida. Conocimiento subterráneo que opera al actuar, porque la vida es la gran maestra, enseña más que muchos libros.

Un hombre así es como un fuego que está siempre ardiendo. Es muy difícil apagarlo. Incluso en los peores momentos hay un rescoldo latente debajo de las cenizas. Ahí se inicia el volver a empezar.

Es la hora del balance personal. Y también, de retomar el hilo de los objetivos, con sus dos orillas. Una, hecha a base de orden y constancia. El orden nos ayuda a planificar bien las cosas, a sistematizarlas y a trazar una jerarquía de aspiraciones realistas y exigentes a la vez. Constancia es tenacidad, insistencia, no ceder terreno, no darse por vencido, perseverar sin desaliento. La otra orilla es la voluntad, ya que ésta no se tiene porque sí, sino que se consigue a través de repetidos esfuerzos y ejercicios en esa dirección; ese proceso tiene siempre un fondo ascético, trenzado de lucha y negación

Así, el hombre se reconcilia con su pasado. Lo asume y es capaz de superarlo en sus aspectos negativos y dolorosos. La madurez implica vivir instalado en el presente, teniendo digerido el pasado y estando abierto hacia el porvenir, que es la dimensión más importante de la temporalidad. Binswanger hablaba de la historia vital interna, como una especie de subsuelo biográfico. Ésta es una de las tareas primordiales del psiquiatra: bajar a los sótanos de la personalidad y observar lo que hay allí, intentando poner orden y jerarquía en sus profundidades. En muchas ocasiones, la labor psicológica consiste en ayudar a hacer una lectura positiva del pasado, valorando mejor las distintas etapas del viaje.

Si el sufrimiento es la forma suprema de aprendizaje, de él hemos de sacar provecho. La vida tiene distintos sabores; a lo largo de ella el paladar se va acostumbrando a captar sensaciones de todo tipo. Lo importante es no perder el hilo conductor de la existencia, tener claros los objetivos, no derrumbarse ante las contrariedades ni ante tantos imprevistos como, de un modo u otro, habrán de sobrevivir a toda empresa personal.

No se puede vivir sin ilusiones. Y para que éstas salgan es necesario tener un afán de superación permanente. Ahí está la esencia de muchas vidas ejemplares. *Siempre fuertes, a pesar de la adversidad.* Ésa es, para mí, la mejor fórmula para llegar a ser uno mismo.

27-3-02

XIII. Psicología de la droga

*

El tema de la droga tiene hoy proporciones gigantescas. No es una cuestión que pueda ser resuelta por un solo país, sino que es necesario una movilización general.

Pero lo que quiero tratar es por qué se drogan los jóvenes, qué mecanismos se dan en su psicología para verse inclinados a ella, qué resortes se conjugan para sentirse atraídos en esa dirección.

Voy a enumerar los principales motivos que predisponen y desencadenan la tendencia a las drogas:

1. Los jóvenes empiezan a drogarse por *curiosidad*, para saber qué es eso, en qué consiste, qué se experimenta. Como esto sucede en un círculo juvenil muy contagioso, los que en principio no la prueban son tachados de personas no abiertas a la realidad, retrógrados y atrasados, con lo que en seguida abandonan esa postura. Da la impresión de que para atravesar los umbrales de la adolescencia y pasar a la juventud es menester tomar contacto con ellas.

2. Los jóvenes empiezan a drogarse *porque está de moda y se lleva*. Este argumento no tiene valor para las

* "Ayer", NO. Puede llamarse hoy al momento en el que fueron abiertas todas las puertas a la DEMOCRACIA. Libertad? Libres criterios? Solo hay que meditar un poco.

personas de criterio, pero en la adolescencia es casi sustancial. Y las modas se contagian más que las infecciones: éste es un dato extraído de la sociología diaria. Hay que tener mucha personalidad y un entorno en donde uno se pueda sentir arropado para no dejarse llevar por esa corriente.

3. El mundo de la droga significa para el joven *satisfacer su sed fáustica de aventuras, su necesidad de nuevas experiencias*: el deseo de verlo todo, mirarlo todo, curiosear en los entresijos de uno mismo y bajar a los sótanos de la personalidad para descubrir qué encuentra uno allí. Esto, en el lenguaje coloquial de los jóvenes, se expresa así: «Quiero vivir intensamente, experimentar sensaciones nuevas e intensas», en un afán desordenado por bucear en todos los rincones de la vida psíquica. Hay también un *deseo de escapar de uno mismo* de vez en cuando, abandonarse en una pasividad que repudia todo lo que significa esfuerzo y responsabilidad.

4. La droga es siempre *evasión*. Los adolescentes y los jóvenes tienen como una especie de sismógrafo interior capaz de detectar muchas cosas negativas de la sociedad de los mayores. Se produce una *reacción contra los adultos y la sociedad que ellos han creado*: racionalista, centrada en el éxito y en el dinero, burocrática, montada sobre el consumo, muy alejada de los valores y de lo espiritual. Rematan su análisis diciendo: «Esta sociedad no me gusta y quiero escapar de ella, ir haciendo otra distinta que no tenga estas coordenadas.» Así se inicia esta fuga hacia los paraísos artificiales que la droga promete y que arrancan de su crítica del *stablishment* de los mayores: buscando una nueva li-

bertad que a medio-largo plazo termina en una sugestiva prisión donde va a ir quedándose atrapado física, psicológica y socialmente.

Evasión y protesta son dos notas claves para comprender la psicología de esta plaga social. Por eso podemos descubrir un cierto fondo positivo: el que se droga rechaza conformarse con el mundo y pretende otro mejor. Desaprueba una realidad considerada como prisión. Y aquí caben muchas observaciones que ciertamente son atinadas: la moral interpretada como hipocresía, la felicidad como autoengaño y la vida como tener y acumular. Eso es lo que ellos captan y el mensaje cifrado que transmiten.

5. La droga es también una *reacción al vacío espiritual de nuestro tiempo*. El hombre necesita del misterio, decía Heidegger. Hay en su fondo más íntimo una aspiración hacia lo trascendente. Y para muchos esta inquietud se sosiega en estos parajes. En *el gran viaje* se esconde una pretensión de trascendencia, *una forma pervertida de la mística*, saltándose la ascética y todo lo que de ella se deriva. La sed de infinito que todos llevamos dentro se satisface mediante la llave ilusoria de la droga. La paciente aventura de ascética austera, es sustituida por la química que la droga ofrece. *La droga es una pseudomística en un mundo materialista, hedonista y de consumo*. Por eso podemos decir que la droga subraya el vacío de nuestra sociedad. La falta de consistencia en algo sólido y que sea capaz de llenar tantos huecos como tiene el corazón del hombre.

6. *La droga permite alejar el dolor y el sufrimiento*, desterrar los sentimientos de fracaso y frustración —al menos momentáneamente—. Pero no hay que perder de vista

que el sufrimiento es la vía regia de aprendizaje. Decía el maestro Eckart que el sufrimiento bien aceptado es la cabalgadura que con más rapidez conduce al mejoramiento del ser humano. *El drogadicto ha renunciado a luchar*, quiere sólo las sensaciones evanescentes de flotar y suspenderse en el océano de las vivencias nirvánicas. Por eso, cuando está en pleno proceso de tratamiento, vuelve a caer en la droga ante situaciones negativas, problemas o dificultades. Escoge el camino más rápido, pero también el más frágil y voluble. Y lo que ocurre es que la droga le tiende una trampa psicológica: pensar que esa huida de las contrariedades es duradera. Esto va a ir significando la pérdida de la libertad interior y la sumisión a un dueño fanático y devorador. Es la dependencia.

7. Del apartado anterior se deriva que la droga representa un medio para incrementar las vivencias de libertad e independencia. Se escamotea, de este modo, el sentido auténtico de la libertad. *La libertad tiene un objeto: el bien.* Y el bien es aquello capaz de saciar la más profunda sed del hombre. La respuesta a tantas preguntas existenciales decisivas. Se aterriza así en una pasión inútil, totalitaria y descomprometida. Una trampa. En ella se camufla la búsqueda del proceso de identidad personal.

8. Una vez instalado en la droga de una manera más o menos estable, *las motivaciones cambian*. Se combate con ella el aburrimiento y la falta de un proyecto de vida coherente y realista. El joven se va viendo empujado por una psicología de personas que se arremolinan en torno a este dios mágico y maravilloso que todo lo arregla de inmediato, pero que pasa una terrible factura por ello: la *dependencia*

y la *tolerancia.* Por la primera el sujeto no puede dejar de consumirla, ya que si no aflora el célebre síndrome de abstinencia o «mono». La dependencia es la progresiva adaptación biológica del organismo, de tal forma que si se interrumpe el consumo se alteran algunas constantes biológicas. Esto tiene una base metabólica, que no es otra cosa que una protesta celular. La tolerancia aparece en una fase posterior y consiste en la necesidad de ir incrementando progresivamente la dosis para producir los efectos del principio.

9. La relación con la droga se inscribe en una *inexorable subordinación.* Ese aferramiento, en vez de hacer progresar, detiene y aprisiona. Hay en ellos unos registros esclavizantes, de tiranía, de apasionamiento incoercible. El alemán Von Gebsattel, al estudiar este fenómeno, utiliza la palabra *Sucht,* que no tiene una correspondencia directa en castellano. *Sucht* señala un estado de ánimo que expresa un comportamiento equivalente a avidez, pasión incontrolable o impulso irracional e incoercible. Pero *such* procede del verbo alemán *suchen,* que significa «buscar». ¿Búsqueda de qué? De la clave que nos da la respuesta última de la existencia... Pero rastreando más a fondo, lo que de verdad busca el joven es la liquidación de su yo cotidiano, rutinario, estrecho y anodino, y sumergirse en un viaje que parece que apunta al infinito.

La drogodependencia es la expresión permanente del mito de *la ambrosía:* aquella sustancia que, al tomarla los dioses, les hacía inmortales sin esfuerzo alguno.

XIV. La vida no se improvisa

LA VIDA COMO PROBLEMA

Cada vida humana es una trayectoria dinámica, viva, amplia y plural. Podemos decir que la vida humana es como un problema que hay que ir resolviendo sucesivamente, al ritmo de su desarrollo. Y como cualquier problema, lo importante es plantearlo bien. Esto es decisivo. Será el mejor modo de que las soluciones y el enfoque sean los más adecuados posibles; éstas siempre serán de dos tipos: teóricas y prácticas.

Tener la vida bien planteada es clave. Aunque no podemos perder de vista el azar y tantos posibles imprevistos como pueden aparecer, es esencial el punto de partida. Y éste es siempre teórico, argumental. Para que pueda iniciarse adecuadamente han de estar cubiertas las necesidades básicas; si no, hay que cubrirlas, y eso exige ya ciertos planteamientos demasiado prácticos.

Creo que es en la familia donde se aprende, de entrada, a plantear adecuadamente la vida. Hay familias con una especial habilidad para esto: todo se traza con buena cabeza, con orden, con realismo, pero también con buenas dosis de exigencia personal. Por el contrario, hay otras en las que todo va a la deriva, sin orden ni concierto. Buscando salidas a los problemas que se van presentando, pero sin que exista realmente un programa de futuro.

Los psiquiatras sabemos la enorme importancia que tiene el troquelado familiar en la formación de la personalidad. *Para llegar a uno mismo hay que partir de posiciones realistas, pero envueltas en optimismo y afán de superación.* En algunas ocasiones el planteamiento que se hace es incorrecto, porque los juicios sobre las posibilidades y valores de uno mismo se han hecho defectuosamente. El desconocimiento propio y la exageración de los aspectos negativos es un buen exponente de ello. Conocer nuestras *aptitudes* y *limitaciones* es saber nuestra geografía y fronteras.

Existe un mecanismo de defensa bastante frecuente en el ser humano: echar una mirada en derredor, decir: «¡Qué mal está todo!» y zambullirse en el mar de lo negativo, bajando entonces el nivel de exigencias y proyectos. En esa actitud hay mucha lamentación y poco esfuerzo: se volatilizan las ilusiones, la voluntad se vuelve vaporosa y se fomenta el desaliento y la mediocridad.

QUE LA INFORMACIÓN SEA FORMATIVA

Una tarea decisiva es la de intentar apresar la riqueza y complejidad de lo que significa vivir, atravesando ese sinfín de cosas, hechos y acontecimientos que cruzan la vida a diestro y a siniestro. Y para llevar a cabo esta importante tarea es necesario estar avisado de un fenómeno, muy característico de nuestros días. Estamos cada vez mejor informados. Pero *esa minuciosa y milimétrica información no es formativa:* no se acompaña de unas notas positivas, que ayuden al hombre a enriquecerse interiormente, a ser más completo, más sólido, en una palabra, más humano, con más criterio, mejor. El resultado es *la conciencia de encontrarse perdido, sin saber a qué atenerse,* sin tener respuesta para tantos interrogantes como van planteándose. El estado anímico inmediato es la *perplejidad*: falla la teoría, la base sobre la que el hombre debe sustentarse y entonces va hacia abajo, perdiendo pie y apoyo: hundiéndose.

En esos momentos es más necesario que nunca saber que *la vida no se improvisa, sino que se programa.* Esto comporta, pues, un planteamiento previo, una filosofía de vida. Son nuestros proyectos, sustentados por nuestras ideas y creencias. Será la mejor manera para ir tras aquel precepto de Píndaro: «Llega a ser el que eres.» Sacar lo mejor de uno mismo. Ésta es la mejor fórmula algebraica para hacer funcionar la vida, resolviéndola, en medio de los vaivenes.

Los proyectos son la articulación que enlaza las distintas etapas de la historia personal. Cada biografía es como un gran río a donde van a parar pequeños afluentes que le dan hondura a sus cauces. Así se perfila la vida, anticipándonos a ella: adelantándonos, para organizarla y evitar que nos arrolle con su vorágine.

Ahora bien, las cosas no son tan simples. Cada historia humana está transitada por mil azares imprevisibles. Lo importante es que ninguno sea tan fuerte, tan duro, que sea capaz de torcer o cambiar radicalmente la trayectoria emprendida. En ese caso el revés es traumático, terrible, definitivo. Y puede obligar a cambiar el rumbo personal.

NOS HOSPEDAMOS EN EL PRESENTE, PERO VIAJAMOS HACIA EL FUTURO

Por esto, el análisis biográfico, el estudio minucioso de una historia humana concreta no se puede realizar sólo desde la cima; es necesario sumergirse y ver qué hay dentro. Me refiero a *los motivos*: aquello que mueve, que arrastra, que tira de nosotros hacia delante con fuerza. *Nos hospedamos en el presente, pero con tal fugacidad, que toda travesía personal no es otra cosa que una ecuación entre pasado y futuro.* Ésa es la dialéctica de cada recorrido biográfico: nos apoyamos en el pasado, habiéndolo asumido y aceptado, con todo lo que ello comporta; pero vivimos empapados de porvenir, llenos de proyectos concretos, precisos, realistas, bien dibujados y no exentos de ilusión y entusiasmo.

Para programar la vida hacen falta esos dos componentes: *ilusión y entusiasmo*. Uno y otro destilan alegría de vivir, afán de superación permanente, capacidad para remontar los reveses, deseos de llegar a ser uno mismo.

Detenernos en la historia de una persona es meternos en sus entresijos. Se trata de una tarea de explorador. Eso es lo que hacemos tantas veces con la vida ajena: colarnos en ella y ver lo que pasa y lo que hay en su interior, o bien, pasar de largo y seguir nuestro camino. *La vida ajena singular* (no masificada) *es siempre interesante e invita a contrastarla con la propia.* Pienso que hoy vivimos una cierta vuelta al Romanticismo del siglo XIX: nada interesa tanto como la vida de las personas públicas, y, de modo especial, su dimensión sentimental.

De lo que se trata es de buscar el sentido de la vida, el hilo conductor que, a pesar de los cambios, permanece. Descubrir su razón de ser. Así nos vamos abriendo camino en medio de tantos acontecimientos y circunstancias. *La vida es tan rica y compleja que hay que espigar el trigo de la paja*: distinguir lo accesorio de lo fundamental. Así nos quedaremos con la llave del problema, que es capaz de explicarnos su contenido, sus giros, sus cambios.

Ortega hablaba de *la razón vital.* Ésta explica, comprende y da sentido a la vida. Y lo hace convirtiéndose en *razón histórica personal.* Sólo se comprende una vida, sólo se la puede analizar y captar con profundidad, estudiando su secuencia histórica: qué ha pasado con ella, qué le ha sucedido por dentro, qué móviles la han puesto en marcha, cuáles han sido sus éxitos y sus fracasos y cómo se han vivido, qué huellas han dejado las alegrías y las tristezas, qué roturas y qué arreglos se han ido produciendo... y así un largo etcétera.

La vida tiene dos ópticas: desde dentro (ésta es la intrahistoria en el sentido de Unamuno) *y desde fuera.* La primera es profunda y la segunda superficial. Una es privada y otra pública. La distancia entre ambas es la misma que se establece entre lo que es verdadero y lo que es falso. Ahí entra la labor de interpretación: reconstruirla, pero andándola por sus pasadizos internos. Será la mejor manera de dar con el teorema geométrico final que la resume y sintetiza.

Cuántas veces erramos al contemplar la vida de los que nos rodean. Esto lo sabemos muy bien los psiquiatras, que, por razón de nuestra profesión, nos asomamos al interior de muchas de ellas. El estudio riguroso de una biografía se apoya en cuatro dimensiones básicas: biológica, psicológica, social y cultural. Entre unas y otras se establece una tupida red de influencias recíprocas, que hacen de ella una estructura.

De aquí llegamos a la tarea final: el *debe* y el *haber.* No valen ya las apariencias: en nuestro fuero interno emerge la realidad que somos. Ahora bien, *cualquier contabilidad sobre la propia vida es siempre deficitaria y dolorosa.* Lo es porque ésta es siempre incompleta, llena de lagunas y cuestiones pendientes, con muchas cosas por hacer.

Planear la vida, diseñarla, ponerle fronteras, acotarla, dibujar sus contornos y luego andarla. Éste debe ser el objetivo para llegar a uno mismo, para ser individuo, persona, sujeto con una identidad clara, hombre no masificado. La otra cara de la moneda es la del hombre que va tirando, que vive improvisando, traído y llevado por el bamboleo de tanta circunstancia inesperada.

31-3-02

XV. La felicidad como proyecto

LA FELICIDAD: LA ASPIRACIÓN MÁS COMPLETA DEL HOMBRE

La felicidad es la vocación fundamental del hombre, su primera inclinación primaria y hacia la que apuntan todos sus esfuerzos, aun en las situaciones más difíciles y complejas en que pueda verse el hombre. Unas veces se presenta de forma clara y concreta; otras, lo hace de modo difuso y abstracto. Su objetivo es la realización personal plena, que se concreta en dos segmentos claves: 1. Haberse encontrado a sí mismo, es decir, tener una personalidad sólida con la que uno se encuentra a gusto. 2. Tener un proyecto de vida.

Éstas son las notas primordiales que hacen feliz, pero nos referiremos especialmente a la segunda. ¿Qué significa tener un proyecto de vida? ¿Qué quiere decir esto? ¿Cómo debe ser entendido? La felicidad consiste sobre todo en ilusión, que es la mejor forma de ser feliz, porque se vive la vida con anticipación, porque lo diseñado, cuando llega, lo saboreamos lentamente con todas sus ventajas. La felicidad supone encontrar un programa de vida atractivo, satisfactorio, capaz de llenar y que sea el elemento complementario de la existencia, el texto biográfico. La vida es argumental y el proyecto es su contenido. A continuación veremos cuáles son sus principales características.

El proyecto debe ser personal, y como protagonista del mismo, su arquitectura la elaboro yo según mis preferencias. No hay que perder de vista a la hora de practicarlo la vieja distinción del pensamiento medieval entre *desear y querer*:

1. *Desear* se mueve en el plano de lo sentimental, prospera en el terreno emocional. Uno puede desear esto o aquello, pero sin más.
2. *Querer* es un acto de voluntad, traduce un empeño, un tesón, una lucha constante por el objetivo.

Esto responde a unas aspiraciones particulares que constituirán el texto de la vida propia, y que dan sentido a la trayectoria de cada uno. La idea de sentido aquí adquiere tres connotaciones:

1. *Contenido* o tejido sustancial del programa.
2. *Dirección,* que es el aspecto vectorial de la travesía personal.
3. *Unidad* o estructura compacta donde quedarán integrados armónicamente una serie de elementos.

Es necesario conocer bien el contexto y las coordenadas de la realidad en que nos desenvolvemos para que nuestro proyecto personal se realice, lo cual comporta dos condiciones: saber qué aptitudes y limitaciones personales nos definen, para lo cual se requiere un serio esfuerzo si queremos realizarnos personalmente. Asimismo, hay que combatir dos peligros:

1. La *dispersión,* es decir, la falta de profundidad en los asuntos debido a los deseos excesivos en querer llevar todo a cabo y sentirnos, en consecuencia, desbordados.
2. El *compromiso* constante por las cosas que nos rodean o las personas, para ello deberemos aprender a hacer uso de la negativa y comprometernos con aquello de lo que estamos seguros poder llevar adelante.

Para la ejecución de dicho proyecto son necesarias las siguientes condiciones: a) el orden; b) la constancia; c) la voluntad.

El orden es jerarquía, disciplina, saber que unas cosas son prioritarias a otras y que es necesaria una cierta programación, y produce paz y serenidad.

La *constancia* es empeño, incidencia, no ceder terreno, no darse por vencido, perseverar... Así, los propósitos se van haciendo férreos, firmes, sólidos, pétreos. Hay que ser obstinados con nuestro proyecto personal, es la única manera de que salga adelante.

La *voluntad* es la capacidad psicológica que llega a ser algo anticipando consecuencias. Es decir, que la voluntad se educa a base de ejercicios repetidos de entrenamiento, a través de los cuales uno busca lo mejor, aunque le cueste; siempre existen en este trasfondo unas notas marcadamente ascéticas. El hombre con voluntad suele llegar más lejos que el inteligente porque es dueño de sí mismo, pero no hay que olvidar que tener una voluntad constante no es fácil, requiere aprender a negarse ante lo inmediato, buscando lo que está por llegar.

El que tiene voluntad es verdaderamente libre, consigue lo que se propone.

Por consiguiente, debo estar preparado para cualquier tipo de eventualidades que puedan sobrevenirle a mi proyecto, debido a que la vida tiene siempre recodos imprevisibles y azarosos; está tejida de hilos que se enlazan y se entrelazan, por lo que *la necesidad,* antes o después, de *restaurar el proyecto* es inminente: cambiando, puliendo y perfilando sus aristas.

3-4-02

TETRALOGÍA DE LA FELICIDAD

En alguna ocasión he comentado la tetralogía de la felicidad que yo propongo: encontrarse a sí mismo, vivir de amor, trabajar con sentido y poseer cultura como apoyo. Si además de tener un proyecto por el que luchar tenemos estas tres características, seremos felices.

Por eso, a medida que pasan los años tengo más elementos de juicio para analizar cómo va mi vida y al hacerlo extraigo de él *haber y debe.* Me examino, y cada etapa del viaje me ofrece una totalidad interna: alegría, tristeza, decepción, abandono de las metas propuestas, etc., sin olvidar que todo análisis de la vida personal es siempre doloroso porque, a través de él, cada segmento del trayecto recorrido rinde cuentas de su viaje.

Por el amor tiene sentido la vida. El ser humano no puede vivir sin un amor en el corazón: es animal *amororum*, y ahí reside lo más genuino de su condición.

El *amor* es tendencia, inclinación hacia la persona amada, impulso que lo arrastra hacia ella buscándola. Dice el conde Danilo a la viuda alegre cuando acepta su amor: «Toco el cielo cuando estás junto a mí.» En una palabra, amor es sentirse arrebatado y percibir un incendio que ayuda a mover los proyectos personales, y también esto es válido para lo divino, puesto que Dios debe ser alguien personal.

Ya que nos pasamos la vida trabajando, concluimos que el amor por el trabajo bien hecho nos hace saborear la felicidad; amor y trabajo conjugan el verbo ser feliz.

Con respecto a la *cultura*, su aspiración fundamental es la libertad; sirve para aprender la realidad, vivir en ella y saber a qué atenerse. Por otro lado, ayuda al hombre a que su vida sea más humana y le revele sus posibilidades. Es un factor que bien entendido hace reconciliables progreso técnico y progreso humano.

Por último, la *felicidad* es comparable a un rompecabezas o un *puzzle*, en el que siempre falta alguna ficha, o también a una manta pequeña, que siempre deja al descubierto alguna parte del cuerpo. Por eso, antes que nada consiste en ilusión, ésa es su nota prospectiva; vivir hacia adelante, pensando en el mañana, con objetivos claros y concretos.

La vida es como un libro en blanco en el que vamos escribiendo nuestra conducta, y en él se registran alegrías y tristezas, aciertos y errores; pero la ruta de la felicidad pasa por el esfuerzo y la renuncia, porque todo lo grande del hombre es fruto de la renuncia.

La felicidad no se da en el superhombre, sino en el hombre verdadero.

EL HOMBRE FELIZ TIENE PAZ CONSIGO MISMO

Decía el Derecho Romano que eran tres las claves para llevar una existencia positiva: «*honesta vivere, alterum non ladere et suum quique tribuere*», es decir: vivir honestamente, no dañar a nadie y dar a cada uno lo suyo. Según lo cual quedarían definidos los tipos de felicidad.

1. *Felicidad del hombre apolíneo,* fundamentada en el orden y el equilibrio.
2. *Felicidad dionisiaca,* la del que busca sensaciones nuevas, movimiento, actividad, y la del que otea por el entorno para ver qué halla y al mismo tiempo explorarse a sí mismo.

Entre estos dos tipos de hombres y felicidad hay muchas concepciones y formas de entender este tema, porque el cauce de nuestra vida se abre paso con nuestra conducta y se cierra con las distintas etapas de su trayectoria. Necesita a la vez forma y contenido, y de esa simbiosis emerge cada manera de ser feliz, para lo que es preciso unidad; homogeneidad entre lo que el hombre desea ser y lo que quiere hacer con su vida de acuerdo con un programa previo.

Por otra parte, si no hay libertad con minúscula en nuestro medio o contexto social, cualquier diseño que se haga puede venirse abajo por la imposición autoritaria del medio, por ejemplo, la Unión Soviética, donde actualmente se abren tantas posibilidades nuevas después de setenta años de totalitarismo, que pensar en la felicidad es más fácil.

Es fácil deducir de todo lo que hemos dicho que el hombre actual busca tanto la libertad como la felicidad, pero hay diferencias y rasgos entre ambas que cada uno debe descubrir. Para eso es necesario que no decaiga el esfuerzo por alcanzar la meta propuesta, y que en el camino aspiremos a los valores eternos, aquellos que no pasan con los siglos: la paz; la armonía con los demás; el encuentro profundo con el otro; la educación para la libertad y la convivencia; la búsqueda de la trascendencia; y promover el amor auténtico.

Si *la felicidad es un resultado,* la vida es un medio para conseguir exteriorizar lo mejor, lo más humano que llevamos dentro, sin olvidar que para alcanzar esa paz interior son inevitables las contradicciones, los reveses y los sufrimientos en sus formas más diversas. Así, poco a poco, nuestra personalidad se va definiendo hasta llegar a su homogénea fisonomía. La felicidad es la experiencia subjetiva de encontrarse bien consigo mismo, contento de su vida hasta ese momento. Su nota esencial es de alegría, de júbilo, de satisfacción.

EL CAMINO DE LA FELICIDAD: CONJUNTO DE PEQUEÑAS ILUSIONES

La felicidad es la máxima aspiración del hombre, hacia la que apuntan todos los vectores de su conducta, pero si queremos conseguirla, debemos buscarla. Además, la felicidad no supone un hallazgo al final de la existencia, sino a través de su recorrido; es más una forma de viajar que un estado definitivo. Por supuesto, debemos conocer bien sus límites, ya que la felicidad absoluta no existe, es una utopía inalcanzable, ante la que queda saborear y disfrutar de los buenos momentos y tener proyección de futuro. Es algo esporádico, que a veces se nos presenta inexplicablemente y perece demasiado rápido en nuestra caleidoscópica vida. Aunque todo esto parezca una sucesión de contraposiciones, también sucede con otros aspectos vitales que no son la felicidad. Por eso, debemos saber cuáles son nuestros objetivos y hacia dónde queremos dirigirlos, si queremos ser más felices. Asimismo, debemos saber combatir dos peligros:

1. El interno, para el que es clave no darse por vencido en esa lucha personal y a la vez mantener un esfuerzo por ser coherentes.
2. Pero también el enemigo *está fuera*: los avatares de la vida, las mil formas que la desordenan y convierten su rumbo en zigzagueante.

El camino de la felicidad debe construirse y hacerse de pequeñas ilusiones, hilvanadas por un argumento que le da solidez. De ellas, unas habrán salido y otras, no. El hombre feliz sabe ver en ese resultado lo positivo de su experiencia existencial. Porque *la felicidad consiste en una mezcla de alegrías y tristezas, de luces y sombras, pero dotadas de amor*[1].

[1] Se habla mucho de *amores* y de uniones sentimentales, pero poco de *amor*. Entre unos y otros las diferencias son abismales. El amor auténtico tiene poco que ver con una especie de gelatina emocional o de mer-

Para que la felicidad esté bien ajustada y no sea un espejismo de ratos más o menos gratificantes, es menester *ordenar los latidos de la vida afectiva,* para que ésta no termine rebelándose, al comprobar el fraude en el que se ha vivido, cambiando las palabras y jugando con ellas.

Es necesario una *educación sentimental* según proclamaba Gustave Flaubert. El *hombre light*, debido a su hedonismo y permisividad, no se preocupa por su estado afectivo y se deja elevar por la inercia, no tiene principios, va a la deriva. Se convierte en espectador de sus propios ríos emocionales interiores, pilotados por dos motores: el placer sin restricciones y la no presencia de prohibicionismo.

Por otra parte, la palabra amor fabrica muchas monedas falsas y la auténtica invitación a la felicidad debe apoyarse en la vuelta a unos códigos morales claros, cuya objetividad haga al hombre más digno, más humano y más abierto a los demás. El peligro del subjetivismo y el individualismo echan por tierra las mejores pretensiones y amenazan con nuevas formas de angustia, con nuevas prisiones, que en vez de liberar al hombre lo encarcelan en un callejón sin salida.

melada afectiva, cuyo contenido es un romanticismo sensitivo. Un buen exponente de ello son las llamadas *telenovelas,* cuya pobreza argumental se equipara con un elemental tratamiento del amor y del enamoramiento. Todo ello desemboca en una *cultura rosa* repleta de conflictos, cada vez más inesperados, que aportan muy poco a la madurez de una persona. Está bien claro que los objetivos son bien distintos: ganar audiencia bajando el listón cultural hasta tocar casi el suelo.

Si no se ordena el amor, si el corazón no está bien custodiado, ninguna liberación será auténtica.

SIN UN NORTE MORAL LA LUCHA POR LA LIBERTAD CAE EN EL VACÍO

Ahora podemos afirmar que sin unos criterios morales objetivos, *la lucha por la libertad no tiene sentido.* Los grandes logros democráticos en muchos países no servirían de nada, y la moral, individual y subjetiva, se reduciría a un *tratado de urbanidad light,* inspirada de algún modo en el *pensamiento débil* preconizado por Gianni Vatimo. Por tanto, pasamos del humanismo espeso del existencialismo (Jaspers, J.-P. Sartre, A. Camus, Heidegger, Gabriel Marcel, Edith Stein, Unamuno) al conformismo de la apariencia en la educación, corrección y respeto, lo que denominamos *ética.*

El progreso material por sí mismo nunca puede colmar las aspiraciones del hombre, ni dar la felicidad cuando constituye el eje vertebral de una vida. En consecuencia, en el hombre occidental de la sociedad del bienestar, la tentación de la opulencia conduce gradualmente al individualismo y, por ende, a la difusión de falsos esquemas, que llamamos valores: éxito, dinero, poder, avidez de sensaciones, curiosidad por todo sin pretensiones de mejora... En fin, una *nueva decadencia,* una fabulosa mentira que descubrimos demasiado tarde o en los momentos estelares, cuando una desgracia nos llega de improviso. Esas *suspensiones de la cotidianidad,* cuando la prisa se detiene y uno encuentra realmente lo que debe ser la vida, esa espontaneidad, efímera, pero decisiva, puede ser uno de los puntos de arranque del *hombre light* para rectificar, para dejar esa existencia pobre y ridícula, conformista y banal, y una vida sin felicidad auténtica.

¿Qué es lo que desea el hombre *light*? Ya me he referido a ello en capítulos anteriores: es necesario que él mismo diseñe su religión, una moral a la carta, en la que escoja unas cosas, es decir, las que le convengan en ese momento, y rechace otras. Por supuesto, lo anterior le ayudará a llegar al *agnosticismo* por un lado, y a la *indiferencia* por otro. El objetivo de su conducta empieza y termina en él, en sus planes, sus metas y sus proyectos, alejado de los demás y de los intereses comunes, pero nunca lo confiesa. Porque, eso sí, a la hora de delimitar su conducta, la persona *light* cuida mucho la apariencia humanística, pero como decía don Don Quijote: «Cada uno es hijo de sus obras.»

La liberación no genera por sí misma libertad, sino que dependerá de su contenido y su programa: pero ahí radica la línea hacia donde apunta. Por ejemplo, en la historia han existido hombres que han sufrido terribles coacciones y que, ante esas circunstancias insoslayables, han manifestado su ansia de libertad y de alguna manera la han conseguido [2]. *El hombre está llamado a la libertad,* cuyos fines son la *verdad* y el *amor. Muchas idolatrías actuales elevan formas de liberación que no son más que estilos de vida que arruinan al individuo y a la sociedad;* para ello no hay más que pen-

[2] Pensemos tan sólo en los regímenes comunistas vigentes hasta hace un par de años. Los ejemplos de Soljenitsin, Sajarov, Armando Valladares, Mindzensky y tantos otros nos ponen de manifiesto esta idea. Ahora empiezan a conocerse vidas trazadas sobre la lucha contra la opresión. *Por tanto, deducimos que una liberación que no tiene en cuenta la libertad personal de quienes combaten por ella, está abocada al fracaso.*

sar en los nacionalismos radicales [3], la violencia, el terrorismo en aras de la libertad y de la justicia, la pornografía, la comercialización y la manipulación de la vida humana, etc. El hombre se convierte en esclavo al idolatrar personajes e ideas insustanciales que la masa mitifica. Por tanto, *su aspiración a lo infinito* se derrumba, al apostar por cosas que no merecen la pena. Le decía Sócrates a su amigo Hipócrates: «Un sabio es un comerciante que vende géneros eternos de los que se nutre el alma.» Cuando el corazón corre vertiginoso hacia esos ídolos de barro que pronto se resquebrajan, su final lo hace insatisfecho, pretendiendo la búsqueda de una felicidad que cada vez es más inalcanzable; porque no se puede encontrar la paz y la verdadera alegría en la propia inmanencia. *La salida para dejar de ser persona* light *está en el paso de la inmanencia a la trascendencia,* dejar el individualismo y el materialismo.

El *hombre light* no es ni religioso ni ateo, sino que él se ha construido una forma particular de espiritualidad según su perspectiva. Él es quien decide lo que está bien y lo que está mal y *su anhelo de infinito empieza por una satisfacción materialista* (dinero, poder, placeres, distinciones y sitios en los que figurar) *y termina por fabricarse una ética a su medida.* Mientras tanto, trata a los demás como objetos, e instrumentaliza la relación con ellos.

En el mensaje cristiano, *la perfección está en la misericordia.* El amor es siempre un acto de entrega que busca el

[3] El nacionalismo es una enfermedad colectiva, contagiosa, infantil, que se manifiesta como fanatismo y que parte de su curación consiste en leer la historia de las naciones y mirar por sobreelevación.

bien del prójimo, su mejor desarrollo. Así, el sentido de la misericordia se completa con el de la justicia, que en los sistemas políticos comunistas, por ejemplo, se ha sacrificado en aras de la libertad. Existe justicia impuesta, muy cercana a la intolerancia y al dogmatismo.

La idolatría material se mueve en la búsqueda desenfrenada de bienes y placeres, unas veces como nivel de vida y otras, de espaldas a la solidaridad con los demás. Muchas de estas doctrinas se oponen al hombre mismo, yendo contra su dignidad. Esta antropología materialista resulta contraria a la edificación de un orden social más amable y justo. Hoy parece que al entronizar el concepto de democracia, todo lo demás es secundario.

XVI. Soluciones al hombre light

RECUPERAR EL HUMANISMO

La historia del pensamiento nos revela cómo muchos sistemas ideológicos de redención del hombre, basados en revoluciones importantes, han dejado más heridas sin cerrar que la apertura de nuevas vías en que la justicia y la dignidad tuvieran más relevancia. El *comunismo* ha implicado una *regresión* sin precedentes en la historia de la humanidad; *se ha perseguido la justicia a costa de la libertad*, pero una justicia que se desliza hacia el fanatismo y sus diversas formas de prisión.

Europa, el viejo continente, debe volver a redefinir su identidad, para lo que es necesario volver a sus raíces más próximas, que son:

1. El *mundo griego*, del que heredamos el pensamiento, desde Sócrates, Platón, Aristóteles, Epicuro, así como sus antecesores; por un lado, la escuela jónica de la filosofía, con Tales de Mileto, Anaximandro, Anaxímenes y Heráclito; por otro, los pitagóricos; y por último, el *helenismo* y el llamado *neoplatonismo*, con Plotino a la cabeza.

2. El *mundo romano*, que nos legó el Derecho y todo lo que de él se deriva. El Imperio Romano, bajo el emblema del retorno al pasado, instauró las leyes y el realismo de Augusto junto a un cierto lirismo.

3. El *mundo judeocristiano*, cuyo valor es imperecedero. Del mundo judío procede el amor a las tradiciones, el sentido de la familia, el respeto profundo por la vida y el pensamiento analógico, que tanta fuerza tendrá en siglos posteriores. El cristianismo trajo un nuevo concepto del hombre, basado en el amor y en un sentido trascendente.

4. Las *raíces más remotas* de Europa hay que buscarlas, por un lado, en Creta, y por otro, en Mesopotamia, Fenicia y el mundo jónico.

Según el historiador Christopher Dawson [1], Europa supone una concepción de la vida no superada hasta el momento, y de ahí procede la mejor versión antropológica que existe. Europa tiene sus rasgos y límites bien definidos y una personalidad que ha abierto paso a los demás continentes; es una idea o conjunto de pensamientos, además de una geografía específica, hoy ampliada con los países del Este, marginados por estar sometidos al comunismo hasta hace dos años. Estas raíces son la base sobre la que se ha de

[1] Uno de los grandes historiadores y filósofos de Europa, que en su libro *The making of Europe* (1988) insiste en que está fundada sobre una misma unidad cultural, un proyecto común, una forma de entender la vida que hunde sus raíces en el cristianismo. Si Europa quiere conservar su unidad —la antigua «Europa de las patrias» de Charles de Gaulle—, es imprescindible recordar desde sus orígenes bizantinos hasta su herencia social y sus tradiciones.

levantar Europa y, por consiguiente, el resto de los continentes, pero respetando las particularidades específicas de cada uno. Por tanto, *el hombre light empezará a dejar de serlo cuando cultive en su interior la sabiduría clásica, el significado del mundo romano, el amor por las tradiciones y la vuelta al pensamiento cristiano.* Aunque esto que ahora propongo es más teórico que práctico, pienso que debe ser el punto de partida para reiniciar su nueva andadura.

EL ESPÍRITU EUROPEO

El nombre de Europa ha tenido una larga polémica en su etimología. Para unos, su procedencia es semítica, para otros helénica. Los primeros la basan en la expresión *ereb*, «el país de la noche, del ocaso», mientras que los segundos —razón que se ha impuesto— aluden a una raíz más directa: *europé*, «mirada bella, ojos grandes», que implica un término más bien poético, recogido en la mitología griega [2].

Además de los trasuntos históricos apuntados, *helénico, romano, hebreo y cristiano,* Europa se hizo real en la Edad Media, tras la caída del Imperio Romano, con una base

[2] Según la mitología helénica, *Europé* era una joven bella y delicada, con una genealogía oscura; parece que su padre era *Fénix* o *Agenor* y su madre *Theogonia* o quizá *Bibliotheca.* Zeus se enamoró de ella al verla y, disfrazado de toro, la raptó y se la llevó a Creta. Después de su muerte fue venerada en Sión como *Europa-Astarté.*

Este mito ha llegado a nosotros por los escritores griegos: como la mujer poseída por un dios-toro emerge de la religión olímpica o indoeuropea, que también relacionó la serpiente con la fertilidad humana.

fundamentalmente religiosa, una época denominada por los historiadores como *teocéntrica*; y después del Imperio Romano cristianizado surge el protagonismo del *mundo germánico*. Fue Carlomagno el que resucitó la idea de la unificación imperial (siglos VIII y IX), quien recoge las fronteras de Europa que habían trazado Adriano y Trajano, y con él toda Europa fue cristiana: desde el Mediterráneo al Canal de la Mancha, pasando por el curso del Danubio hasta los Urales. Los musulmanes y los judíos eran huéspedes tolerados, pero no súbditos. La monarquía franca se extendió entre el Rin y el Sena y llegó hasta el mar del Norte. El imperio carolingio se lleva a cabo ya como algo distinto del imperio bizantino, surgiendo así la *Europa occidental*[3] .

Se dibuja así un sistema jerarquizado en el que los poderes espiritual y temporal se fusionan, teniendo como eje el espíritu cristiano y en el que la hegemonía rural conduce al feudalismo. *La religión era lo que aglutinaba a todos estos pueblos*. El mundo intelectual tiene como reflejo la escolástica, que alcanza su punto álgido hacia el siglo XIII: propugna una jerarquización del conocimiento y la racionalización de la perspectiva sobrenatural, así como la importancia de la función de la autoridad y de la tradición, aunque el eje central de todo el discurso se centra en la consideración de que cualquier actividad humana está regida por el sentido trascendente de la vida, apoyada en una moral sólida e independiente de las circunstancias y las situaciones.

[3] Fue un producto lento y gradual de la Europa medieval alejada de un Mediterráneo islamizado.

Ya a finales del siglo XV, con la llegada del Renacimiento, se produce una vuelta al modelo de la Antigüedad clásica grecolatina basada en tres pilares:

a) La valoración del mundo.
b) Realzar la figura del hombre.
c) Respecto a lo político, la desvinculación del poder temporal y del espiritual.

Así, surge el *humanismo renacentista,* que más tarde desembocaría en el racionalismo. Todo esto supone el paso *del teocentrismo al antropocentrismo,* época de la *Europa moderna.* En este período la preocupación por el hombre y la naturaleza es esencial y se deja de lado la atención por lo absoluto.

Después, con el tiempo llegamos a la *Europa racionalista* —entre el Barroco y la Ilustración—, en la que hay que destacar tres notas esenciales:

a) La creación de un Estado absoluto centrado en la economía nacional.
b) La contrarreforma.
c) La llegada del empirismo [4].

[4] El conocimiento deja de ser algo subjetivo y busca un modelo más objetivo. Es, más que nada, una actitud mediante la cual la realidad es conocida a través de la experiencia de los sentidos, o dicho de otro modo: sólo es conocimiento aquello que es testificado o confirmado sensiblemente.

Por otra parte, la psicología conductista, que surgió a través de John B. Watson y que se prolongó con Karl Lashley y Shepherd Franz, teoriza

El signo clave de esta etapa es la tolerancia, pero se produce la escisión entre una serie de Estados porque se vigilan celosamente y se mueven con mucha inestabilidad.

Poco después surge una unidad o pretensión de ésta propugnada por los intelectuales, despolitizada y de espaldas a los nacionalismos.

Pero es el siglo XIX el que representa la caída de la idea de Europa como bloque sociopolítico y cultural. Aquí hay que subrayar una serie de elementos históricos importantes:

1. Las revoluciones políticas [5] y técnicas.
2. Los movimientos románticos nacionalistas.
3. La formación de bloques de alianzas en una escalada imperialista por ampliar los territorios coloniales.

Los últimos esfuerzos por mantener una cierta unidad europea se deslizaron hacia la solución de las crisis sociales y económicas, de las que emanó el socialismo marxista, que postulaba la *unidad del proletariado*. Aquí arranca otra nueva fragmentación, que durará setenta años en Rusia y casi treinta en el resto de los países que se hicieron satélites de ella.

sobre dejar de lado la conciencia y estudiar el comportamiento objetivable.

La psiquiatría actual ha ido en esta línea, aunque asomándose a la ventana de lo cognitivo.

[5] Los dos grandes seísmos políticos de Occidente que se dan entre el Renacimiento y finales del siglo XIX son *la revolución británica* de 1648 y *la francesa* de 1789. Del primero brota una democracia, todavía ejemplar y de la que surgió la americana. La herencia de la segunda es más desigual, aunque fue una eclosión popular de combate en el ámbito de las ideas, que venía gestándose desde muy atrás.

AMOR, TRABAJO Y CULTURA, PERO SIN FALSEAR LAS PALABRAS

Aquí apostamos por la primacía de la persona sobre las estructuras. Hay que hacer una llamada a la capacidad oral y espiritual si queremos que el *hombre light* salga de su estado actual en que sólo preocupa el dinero y el placer para evitar las consecuencias típicas que de ello se derivan: tener, acumular, amasar y, por supuesto, ruptura de matrimonio o pareja (una o varias veces). Hablaremos en este capítulo del estado de vacío, desaliento y escepticismo ante la sociedad en que se mueve; sociedad que él mismo ha ido favoreciendo y forjando. Es una contradicción más de este personaje de final de una civilización.

Ya he comentado en anteriores capítulos que la verdad no puede ser sometida a consenso. Los que dirigen los medios de comunicación tienen que saber que tal exploración carece de base argumental. Sí hay una cosa clara, desertamos de los auténticos valores humanos y espirituales para arrojarnos en manos de la moda.

Francis Fukuyama [6] dice que tras la euforia de 1989 con la caída del comunismo, ha vuelto a Europa un pesimismo de perfiles diferentes, ante dos amenazas: un Islam fanático, y los nacionalismos en ebullición. A propósito de esto, Alvin Toffler [7], a través de sus distintos trabajos, alude a las

[6] Véase su libro *El fin de la historia,* Planeta, Barcelona, 1992.

[7] Tres libros suyos han tenido gran efecto: *El shock del futuro* (1990), *La tercera ola* (1989) y *El cambio de poder* (1990). En este último se recogen acontecimientos tan importantes como la invasión de Kuwait por Irak, la caída del telón de acero, el desmoronamiento de la Unión Soviética o los brotes nacionalistas de las repúblicas bálticas y de otros países

tres versiones complementarias del poder en el mundo actual:

1. El poder de la violencia.
2. El poder del dinero.
3. El poder de la información, que implica el conocimiento de la realidad con el fin de operar en la sociedad y conseguir de ella un mejor rendimiento económico.

En definitiva, si el *hombre light* se centra sólo en lo material, con altas preferencias sobre lo espiritual, es difícil que se incline por los valores humanos y espirituales... aunque denomine valores a los fundamentos de su existencia.

Una vida sin valores queda reducida a un programa cuyo argumento carece de unión, ya que el mesianismo ha desaparecido y los sistemas de redención del hombre —mitos de realización revolucionaria— se han desvanecido. Sin embargo, sí existe la solidaridad y su consolidación en el hombre actual, que es consciente de su estado de microcosmos, pero que es capaz de unirse con otros en un proyecto común para hacer un mundo mejor, en el que prime el amor, el trabajo y la cultura.

VOLVER A LOS VALORES

Esta breve digresión sobre Europa nos remonta a nuestros orígenes. En los últimos años Occidente ha vivido el *mito*

orientales. Sus teorías han tenido una buena acogida en casi todo Occidente y también en Japón.

del progreso indefinido, pero actualmente ya ha finalizado, porque está claro que los avances técnicos y científicos seguirán produciéndose, pero ya sin pensar que serán la única solución del hombre para obtener mayor calidad de vida.

En general, podemos decir que es necesario una vuelta a otros valores por las siguientes razones:

1. *El progreso material no puede colmar por sí mismo las aspiraciones humanas.*
2. La tetralogía del *hombre light* es una convocatoria que a la larga fabrica un hombre vacío, hueco, sin contenido y sin puntos de referencia.
3. El *hedonismo* niega el valor del sufrimiento, porque desconoce lo que significa y la importancia que tiene para la madurez personal.
4. La *permisividad* producirá desde drogadictos a personas adictas a la pornografía, pasando por una violencia y agresividad cuyo final puede ser fatal. La patología familiar derivada de aquí tiene un pronóstico muy negativo. Por tanto, es necesario *imbuir unos valores imperecederos para salir de estas coordenadas, cuyos códigos de conducta sean amplios, pero de perfiles nítidos, que hagan más humano y digno al hombre.*

Uno de los principales valores es el humanismo, basado en una formación moral sólida, abierta y pluralista, cuyas coordenadas no dan prioridad al éxito material, al placer y al dinero. Esto constituye una labor personal que conlleva los siguientes requisitos:

* Mi colaboración en "Centenario Musica Nova"

1. No estimular los instintos y las pasiones, sí educarlos.
2. No caer en la permisividad y tener criterios para distinguir entre el bien y el mal.
3. Intentar el bien colectivo y el propio, pero sin una competencia desaforada, trepidante, para llevar a cabo aquella sentencia de *homo homini lupus,* «el hombre es un lobo para el hombre»; una moral educada en los principios naturales, que es capaz de elevar el vuelo hacia los sobrenaturales; y una cultura que lucha por no estar pegada a la televisión, como elemento casi único de nutrición intelectual.

En definitiva, se trata de conseguir un *hombre más digno, que quiere ser más culto para ser más libre*; hacer un mundo más cordial y comprensivo; crear un espacio más afectivo, donde quepa lo material, lo espiritual y lo cultural. Todo lo anterior nos ayudará a obtener la felicidad, siempre díficil y costosa, si existe unidad y sentido. El *lightismo* la quiere a la carta, rápidamente, en el instante, pero escogiendo un camino errado, que a la corta es gratificante, y, a la larga, deja frío e insensible al que la posee.

Así, una vez dicho lo anterior, y ante el conformismo del *todo vale,* que lleva a la trivialización de la inteligencia, propongo conectar con las virtudes y los modos de conducta inspirados en lo mejor del pasado y lo más rico del presente. Un pensador francés contemporáneo, Alain Finkielkraut [8],

[8] En su libro *La derrota del pensamiento* (Anagrama, Barcelona, 1988), subraya la pobreza en la que ha caído gran parte de Occidente. La cultura es la vida con pensamiento, con formas de edificar una mejor convivencia.

reivindica para nuestro tiempo una cultura conectada con la vida intelectual. Y sabiendo valorar la vida humana y sus formas de arte, de ciencia, etc., de acuerdo con criterios universales como la verdad, la belleza, la bondad, etc.

EL HOMBRE SOÑADOR Y EL HOMBRE PENSADOR QUE HAY EN NOSOTROS

Desde Sigmund Freud sabemos lo importante que son los sueños. Su contenido, sus temas, las oscilaciones y vaivenes de sus mensajes oníricos están conectados con las ilusiones y los proyectos personales. Pero como decía Friedrich Holderlin, en cada uno hay dos territorios diferenciados: el de los sueños y el de la razón. Es necesario trazar fronteras interiores que delimiten uno de otro. *Cada hombre es una promesa,* y para que ésta se haga realidad hay que luchar con uno mismo. Para ello necesitamos un *modelo de identidad,* un esquema referencial atractivo, sugerente, con fuerza para arrastrar en esa dirección. *El hombre de las décadas venideras será profundo, sabio, fuerte moralmente, y tendrá coherencia en su vida.* Un hombre que no se derrumba con el paso de los años, no se desvanece ante los giros y las modas. Ejercitará el espíritu y la razón, el pensamiento y una cultura universal, cultura por encima de prejuicios y de convencionalismos que la aprisionan en muchas ocasiones.

Frente al *hombre light*, sin perspectivas, propongo *al hombre comprometido* y con perspectivas ante el futuro. Este que con su misma vida es un acicate ejemplar para otros, ejemplo vital de teoría y práctica. Ahí el hombre evita esa melancolía del ecuador de la existencia, consecuencia de haber tenido una vida sin norte, insustancial, descomprometida, egocéntrica y el principio del placer.

Tenemos que dotar a nuestra vida de valores fuertes y convincentes, porque es evidente que el *hombre light* es transitorio, pasajero, y tiene poco poder de convicción si sabemos ser críticos con su mensaje y no nos entregamos en sus brazos de modo gregario.

A propósito de todos estos aspectos de la crisis de valores en Occidente, Alexander Soljenitsin decía que esta decadencia occidental era consecuencia de un bienestar exclusivamente material y hedonista [9]. Si hacemos una prospección humana con respecto al pensamiento y la conducta nos daremos cuenta de que no se puede interpretar la vida como lo hace el *hombre light*, porque implica *huir de uno mismo y obviar lo mejor,* escapar de lo más verdadero que hay en él, una andadura en que no sabe quién es y a dónde va, un *avance en todo, menos en lo esencial.* Ése es su lema, aunque no sea consciente de ello.

ELOGIO DE LA INTIMIDAD

La vida humana tiene dos ámbitos de desarrollo: interior y exterior, y el hombre necesita establecer un especial equilibrio entre los dos. El primero está referido a la interioridad,

[9] Véanse sus declaraciones a la revista *Times* del 24-VII-89: «La situación moral de la Europa libre me parece tan grave como nuestra penuria económica y nuestra falta histórica de libertades.»

lo afectivo, etc.; mientras que el exterior se manifiesta a través de la conducta.

El objetivo de los psiquiatras es estudiar, analizar y profundizar en la mente humana para ver qué hay. Estudiamos los aspectos más íntimos y recónditos para descubrir un mundo oculto, cuya complejidad, límites y características están mal definidos y delimitados. De ahí la necesidad de *hacer inventario de esta realidad oculta* y ordenarla, hacer una relación sistemática de cuanto observamos, poniendo orden en ese caos, para *entender* primero y *comprender* después quién es esa persona.

Entender es *ir hacia*, encaminarse hacia el otro; *comprender* es algo más, *ponerse en el lugar del otro*, intentar estar en su sitio, ocupar su lugar existencial.

Pero hay dos perspectivas cuyas coordenadas no debemos perder de vista cuando hacemos esa excursión por los pasadizos de la personalidad.

1. *Perspectiva estática.* Se centra en el estado anímico de la persona con respecto a ella misma y los demás y en qué momento concreto se halla. Es algo parecido a un *flash* que sintetiza su presente y su actualidad real.
2. *Perspectiva dinámica.* La vida es una operación evolutiva, vivencia hacia el porvenir, y cada hombre tiene su propia travesía, que puede ser analizada mediante un estudio panorámico.

Ambas perspectivas forman o dan lugar a nuestra biografía, estudiada paso a paso.

Pero cualquier análisis de la personalidad del hombre es una fuente inagotable, ya que siempre hay parcelas, pliegues y segmentos que es conveniente aclarar, para descifrar su verdadero significado. Por lo general, la dinámica interior se suele hallar enhebrada por el mismo hilo, necesita ser argumental, tejida con contenidos sólidos, firmes, que proyecten nuestra realidad y nuestra vida hacia el futuro.

Al profundizar en nuestro interior descubrimos que hay todavía una estructura creciente que se dirige hacia un complejo cono. El centro de la intimidad tiene también sótano y buhardilla, taller y zaguán. Una parte que da a la calle y otra que se cierra sobre su propia estructura.

Dice la expresión coloquial que: «*Los trapos sucios se lavan en casa*», y dice bien. Pero también es positivo que las alegrías se vivan personalmente sin exteriorizar todo. ¡Qué pena da ver esas vidas en las que todo se exterioriza! Se vive para el exterior, buscando dar una impresión, una imagen; y en muchas ocasiones podemos quedar atrapados en las redes de la apariencia, y, en consecuencia, del materialismo.

En la intimidad uno se encuentra con los suyos. El diálogo se hace fluido, rico, repleto, sereno y distendido, y es donde disfrutamos con una tertulia familiar o viendo cómo crecen los hijos o los cambios graduales físicos y psíquicos que los transforman. *Vivir puertas adentro es saborear y conocer* humanamente a los que viven bajo el mismo techo; y tener una familia unida se convertirá en uno de los tesoros más preciados y símbolos emblemáticos de la sociedad.

Por todo esto, debemos hacer una aclaración entre hombre y mujer, para entender mejor lo anterior. *La mujer es concéntrica, el hombre es excéntrico*. La mujer vive hacia su cuerpo, de alguna manera está centrada en él, gira en su alrededor; sin embargo, el hombre lo hace hacia el exterior, pero sin conocerlo. Además, la mujer tiene la posibilidad de transmitir la vida; el segundo, no.

El hombre light *no tiene vida interior ni intimidad*, y, por ello, *vive para la calle, más pendiente de su apariencia externa que de su estado interior*. Esto constituye un error que debe corregir si quiere escapar de las redes a las que hemos aludido anteriormente, porque el componente social no puede ni debe vertebrar la vida humana, y es torpe y elemental guiarse por sus coordenadas. Por otra parte, la educación debe ser profunda y procurar con ella tallar y pulir la organización de nuestra mente, es decir, la personalidad, y de nuestro proyecto personal, desde esos estratos profundos de la interioridad. Por eso es tan importante la soledad. Desde ella es posible comprender la historia personal y reorganizarla de nuevo.

La *condición privada personal* o *intimidad tiene unos rasgos y elementos secretos que no conviene desvelar*; por eso, el que la posee sabe mucho de esto y lo cultiva, porque a través de ella nos encontramos a nosotros mismos. Desde esos parajes íntimos nos conocemos mejor y entendemos o somos capaces de entender a los demás.

ES NECESARIO SUPERAR EL CINISMO

De todo lo anteriormente explicado hay una conclusión bastante clara: *el hombre light vive instalado en la atalaya del cinismo*. Se ha vuelto pragmático y una cosa es lo que piensa y otra, bien distinta, lo que hace. Oscar Wilde lo definió así: «Aquel que conoce el precio de todas las cosas y el valor de ninguna.» Lo cínico está lleno de contradicciones, lo que hoy se critica acaloradamente, mañana se defiende con ardor; lo importante es el momento, el instante concreto del tema que nos ocupa. Pero nada es definitivo y hay que apuntarse al ganador, porque lo importante es el éxito y el triunfo[10]: es el vértigo de la fugacidad, la revolución de la urgencia.

Vivimos en la era de los antihéroes, de los videoclips, en la que el plástico es el signo de los tiempos: usar y tirar; el modelo del *yuppie* ha sustituido a los viejos ideales revolucionarios. Practicamos la *moral del pragmatismo*. Una persona así se vuelve fría, sarcástica, maniqueísta y, quizá, algo maquiavélica e insensible; es un desvergonzado, que actúa con descaro y adorna su conducta con un lenguaje florentino que hay que descifrar.

Es la *mística de la nada*. Al producirse la pérdida de todos los referentes, ésta es una de sus consecuencias. ¿Qué hacer?

1. Frente al cinismo, luchar por la coherencia personal.
2. Ante el «todo vale», perseguir y apostar por los valores inmutables y positivos que dan trascendencia al hombre.
3. Escapar de los *falsos absolutos*.
4. Huir de la idolatría del sexo, el dinero, el poder o el éxito, porque son medios, nunca pueden ser fines.

[10] Sobre el valor y la importancia de las derrotas véase el capítulo «Psicología del fracaso».

En una palabra, se trata de volver al *hombre espiritual,* capaz de descubrir todo lo bello, noble y grande que hay en el mundo y procurar luchar por alcanzarlo.

Saber que la pérdida de todo paradigma, en aras de una movilidad relampagueante y climatizada, no conduce a la felicidad. Ése no es el camino, sino el de escapar del *culto a la novedad,* que tanto embriaga a la persona *light* y nos muestra otra serie de valores muy distintos a los perdidos. Es más, *la religión llega a ser lo nuevo,* como necesidad del final de un siglo en decadencia que necesita una renovación profunda y fuerte. Esta nueva *moral individualista,* a la carta, subjetivista, en la que se escoge lo que gusta y se deja lo que es exigente, está construida sobre unas bases amorales, donde existe la libertad ilimitada de hacer lo que creemos conveniente sin tener ningún tipo de culpa personal, ya que eso neurotiza.

Frente a esto último, también hay que propugnar las exigencias personales de una conducta moral que libera, que hace de cada hombre un ser digno, más completo, que desea esforzarse por ser íntegro, una realización personal que pasa por la entrega al otro, ayudándole a ser mejor. *Cultivar y fomentar lo valioso, lo auténtico,* lo que permanece y edifica un ser humano más amable, humano, fuerte, rico por dentro, armónico... Un modelo por el que merece la pena luchar. Esta meta es una aspiración grande, capaz de superar el paso de muchas décadas con un análisis serio. En ese horizonte aparece la figura de un ser superior, que para el cristiano tiene nombre propio.

La moral cristiana es el mejor vector para la realización de la eterna vocación trascendente del hombre.

LA FELICIDAD SE ALCANZA CON UNA VIDA COHERENTE

Todos buscamos la felicidad, pero son pocos los que la consiguen. Es la meta máxima de nuestra conducta. Para ser feliz es necesario que la vida sea *argumental* y *coherente.* Y también que en su seno albergue una serie de elementos que se relacionen de forma congruente entre sí, luchando para que no se produzcan contradicciones, es decir, la formación de un hombre único, en que se relacionen las ideas y sus acciones.

Cada ser humano es insustituible, cada uno somos una promesa de futuro. La felicidad consiste en encontrar un programa de vida que nos llene lo suficiente como para que motive nuestra trayectoria.

Cuando sabemos qué meta deseamos, el camino se inicia y las dificultades se superan. Entonces es cuando entra la voluntad, que debe ser más fuerte que las adversidades. De este modo pueden aprisionarnos, amordazarnos, revelarnos en contra de la línea trazada, pero nunca derrotarnos. En una palabra: *coraje,* espíritu de lucha, tesón, firmeza en los objetivos, consistencia en las líneas magistrales del proyecto personal.

La felicidad nunca es un regalo, hay que conquistarla y trabajarla con ilusión. Siempre, antes o después, hay que bregar contra corriente y debemos experimentar el sentimiento de hacer algo útil, valioso, por lo que las luchas y desvelos queden justificados por nuestra lucha. El esfuerzo, la alegría, la coherencia y la felicidad se nutren de las mismas raíces. Decía Julián Marías que «La vida en su conjunto tiene una tonalidad, a través de la cual uno se siente bien o mal... A lo primero es a lo que llamamos felicidad» [11]. Claro está, entendida como balance, como examen y resultado final en un determinado momento vital. Es necesario mantener los viejos ideales, mezclados con las nuevas ilusiones y los pequeños objetivos, de lo cual surgirá un estilo propio, una forma peculiar de mostrarnos. Así se desenreda la madeja de todas las pretensiones que han circulado por nuestra cabeza.

Pero no confundirla con las fórmulas actuales, que para muchos son sucedáneos de la auténtica felicidad: bienestar, nivel de vida, placer, satisfacción personal y sin problemas, o triunfar en la profesión o en los negocios o en cualquier ámbito de la vida. Es más, muchos triunfadores, en su fuero interno, no son felices. Rastreando en el trasfondo de la felicidad nos vamos a topar con la fidelidad; es decir, lealtad a los principios, perseverancia en los ideales nobles, tenacidad en mantener los criterios de conducta a pesar de los oleajes y los vaivenes de tantas circunstancias.

Se alinean así, en la felicidad verdadera, la coherencia, la vida como argumento, el esfuerzo porque salga lo mejor que llevamos dentro y la fidelidad. Cada ingrediente fija y sostiene lo que para mí es la clave que alimenta ésta, esa *trilogía* que está compuesta de *amor, trabajo y cultura.* Y su envoltura: *tener una personalidad con un cierto grado de madurez y equilibrio psicológico.*

[11] Julián Marías, *La felicidad humana,* Alianza Editorial, Madrid, 1990.

Sin desperdicio 14-4-02

NOTA DEL AUTOR

Los capítulos I, II, VI, VII, VIII, XI, XII, XIII, XIV y XV están basados en los artículos que detallo a continuación:

I. «El hombre light» (*ABC,* Madrid, 4-2-90).
II. «Hedonismo y permisividad» (*ABC,* Madrid, 18-11-90).
VI. «Sexualidad light» (*El Mercurio*, Santiago de Chile, 12-4-92).
VII. «El síndrome del mando a distancia (*zapping*)» (*ABC,* Madrid, 18-7-92).
VIII. «Vida light» (*El Mercurio*, Santiago de Chile, 19-4-92).
XI. «La ansiedad del hombre de hoy» (*El Mercurio,* Santiago de Chile, 26-6-91).
XII. «Psicología del fracaso» (*ABC,* Madrid, 14-8-91).
XIII. «Psicología de la droga» (*ABC,* Madrid, 2-10-91).
XIV. «La vida no se improvisa» (*ABC,* Madrid, 23-8-87).
XV. «La felicidad como proyecto» (*Novedades,* Moscú, 24-2-90).

BIBLIOGRAFÍA

ADORNO, T. W., *Théorie esthétique,* Klincksieck, París, 1974.

ARISTÓTELES, *Ética a Nicómaco,* Espasa-Calpe, Madrid, 1950.

BAUDRILLARD, J., *L'échange symbolique et la mort,* Gallimard, París, 1976.

BELL, D., *Vers la société post-industrielle,* Laffont, París, 1986.

DEBORD, G., *Commentaires sur la société du spectacle,* Gérard Lebovici, París, 1988.

ENZENSBERGER, H. M., *Mediocridad y delirio,* Anagrama, Barcelona, 1991.

FERRATER MORA, J., *Cuatro visiones de la historia universal,* Alianza Editorial, Madrid, 1982.

——, *Diccionario de Filosofía de Bolsillo,* Alianza Editorial, Madrid, 1983.

FINKIELKRAUT, A., *La défaite de la pensée,* Gallimard, París, 1987.

GADAMER, H. G., *Verdad y método,* Sígueme, Salamanca, 1988.

GLUCKSMANN, A., *Cinismo y pasión,* Anagrama, Barcelona, 1982.

HABERMAS, J., *Pensamiento postmetafísico,* Taurus, Madrid, 1990.

HESSE, H., *El lobo estepario,* Alianza Editorial, Madrid, 1968.

JOYCE, J., *Ulises,* Seix Barral, Barcelona, 1985.

KEPEL, G., *La revanche de Dieu,* Du Seuil, París, 1991.

KERNBERG, O. F., *Borderline conditions and pathological narcissism,* Jason Aronson, Nueva York, 1985.

LASCH, Ch., *The culture of narcissism,* Warner Books, Nueva York, 1989.

LIPOVETSKY, G., *La era del vacío. Ensayos sobre el individualismo contemporáneo,* Anagrama, Barcelona, 1986.

——, *L'empire de l'éphémère. La mode et son destin dans les sociétés modernes,* Gallimard, París, 1987.

MAQUIAVELO, N., *El príncipe,* Alianza Editorial, Madrid, 1990.

MARCUSE, H., *El hombre unidimensional,* Ariel, Barcelona, 1990.

MARÍAS J., *Antropología metafísica,* Revista de Occidente, Madrid, 1973.

——, *Breve tratado de la ilusión,* Alianza Editorial, Madrid, 1983.

Montanelli, I., *Historia de Roma,* Círculo de Lectores, Madrid, 1970.

ORTEGA Y GASSET, J., *Estudios sobre el amor,* Revista de Occidente, Madrid, 1973.

——, *Investigaciones psicológicas,* O. C., Alianza Editorial, Madrid, 1983.

PASQUA, H., *Opinión y verdad,* Rialp, Madrid, 1991.

PIEPER, J., *El descubrimiento de la realidad,* Rialp, Madrid, 1974.

PLATÓN, *El banquete,* Aguilar, Madrid, 1989.

—, *Fedro, o de la belleza,* Aguilar, Madrid, 1989.

POLAINO LORENTE, A., *La agonía del hombre libertario,* U. Piura, Madrid, 1987.

POPPER, K., *La lógica de la investigación científica,* Tecnos, Madrid, 1962.

—, *The open society and its enemies,* Routledge & Keagan Paul, Londres, 1981.

POSADAS, C. de, *Yuppies, jet set, la movida y otras especies,* Temas de Hoy, Madrid, 1987.

PROUST, M., *En busca del tiempo perdido,* Alianza Editorial, Madrid, 1985.

ROJAS, E., *El laberinto de la afectividad,* Espasa-Calpe, Madrid, 1989.

—, *La ansiedad,* Temas de Hoy, Madrid, 1992.

—, *Una teoría de la felicidad,* Dossat, Madrid, 1992.

—, *Remedios para el desamor,* Temas de Hoy, Madrid, 1992.

REVEL, J. F., *La connaissance inutile,* Grasset & Fasquelle, París, 1988.

SCHELER, M., *Esencia y formas de la simpatía,* Losada, Buenos Aires, 1959.

SENNETT, R., *Les tyrannies de l'intimité,* Du Seuil, París, 1987.

SPAEMANN, R., *Felicidad y benevolencia,* Rialp, Madrid, 1992.

SPENGLER, E., *La decadencia de Occidente,* Alianza Editorial, Madrid, 1970.

STENDHAL, *Del amor,* Alianza Editorial, Madrid, 1973.

TOFFLER, A., *La troisième vague,* Denoël, París, 1980.

—, *El cambio de poder,* Plaza y Janés, Barcelona, 1990.

Talmud.

UNAMUNO, M. de, *Diario íntimo,* Alianza Editorial, Madrid, 1969.

VATTIMO, G., *El fin de la modernidad. Nihilismo y hermenéutica en la cultura posmoderna,* Gedisa, Barcelona, 1987.

——, *La sociedad transparente,* Paidós, Barcelona, 1990.

ÍNDICE TEMÁTICO

ÍNDICE ONOMÁSTICO